SÉRIE SUCESSO PROFISSIONAL

Revolução Digital

ALAN CHARLESWORTH

Um Livro Dorling Kindersley
www.dk.com

© 2009 Dorling Kindersley Limited, Londres, uma companhia da Penguin.
"The Digital Revolution" foi publicado originalmente na Grã-Bretanha em 2009 pela Dorling Kindersley Limited, 80 Strand, Londres, WC2R 0RL, Inglaterra.

© 2010 Publifolha – Divisão de Publicações da Empresa Folha da Manhã S.A.

Todos os direitos reservados. Nenhuma parte desta publicação pode ser reproduzida, arquivada ou transmitida de nenhuma forma ou por nenhum meio sem permissão expressa e por escrito da Publifolha – Divisão de Publicações da Empresa Folha da Manhã S.A.

Proibida a comercialização fora do território brasileiro.

PUBLIFOLHA
Divisão de Publicações do Grupo Folha
Al. Barão de Limeira, 401, 6º andar, CEP 01202-900, São Paulo, SP
Tel.: (11) 3224-2186/2187/2197
www.publifolha.com.br

COORDENAÇÃO DO PROJETO
PUBLIFOLHA
EDITORA-ASSISTENTE: Mell Brites
COORDENADORA DE PRODUÇÃO GRÁFICA: Soraia Scarpa
PRODUTORA GRÁFICA: Mariana Metidieri

PRODUÇÃO EDITORIAL
EDITORA PÁGINA VIVA
TRADUÇÃO: Rosemarie Ziegelmaier
EDIÇÃO FINAL: Rosi Ribeiro
REVISÃO: Pedro Ribeiro e Laura Vecchioli
PRODUÇÃO GRÁFICA: Priscylla Cabral
ASSISTÊNCIA DE PRODUÇÃO GRÁFICA: Bianca Galante

DORLING KINDERSLEY
EDITOR: Daniel Mills
EDITORA DE ARTE SÊNIOR: Helen Spencer
EDITOR DE PRODUÇÃO: Ben Marcus
GERENTE DE PRODUÇÃO: Hema Gohil
EDITORA-EXECUTIVA: Adèle Hayward
GERENTE DE EDIÇÃO DE ARTE: Kat Mead
DIRETOR DE ARTE: Peter Luff
DIRETOR EDITORIAL: Stephanie Jackson

DORLING KINDERSLEY (NOVA DÉLI)
EDITORES: Saloni Talwar e Rima Zaheer
DESIGNER: Tannishtha Chakraborty
GERENTE DE DESIGNER: Arunesh Talapatra
DIAGRAMADOR: Pushpak Tyagi

Este livro foi impresso em setembro de 2010 na Corprint, sobre papel couché fosco 115 g/m².

Dados Internacionais de Catalogação na Publicação (CIP)
(Câmara Brasileira do Livro, SP, Brasil)

Charlesworth, Alan
  Revolução Digital / Alan Charlesworth ; [tradução Rosemarie Ziegelmaier]. – São Paulo : Publifolha, 2010.
  – (Série Sucesso Profissional)

  Título original : The Digital Revolution.
  ISBN 978-85-7914-237-6

  1. Anúncios pela internet 2. Comércio eletrônico 3. Indústria da internet 4. Marketing na internet 5. Marketing na internet - Inovações tecnológicas 6. Mídia digital - Aspectos sociais . I. Título.

10-09465   CDD-302.23

Índices para catálogo sistemático:
1. Mídia digital : Aspectos sociais : 302.23

A grafia deste livro segue as regras do Novo Acordo Ortográfico da Língua Portuguesa.

Sumário

4 Introdução

CAPÍTULO 1

O que é o mundo digital

6   Avanços da tecnologia

8   Um planeta interligado

10 Mídia social

12 Conteúdo gerado pelo usuário

14 Comunicação digital

16 Compras pela internet

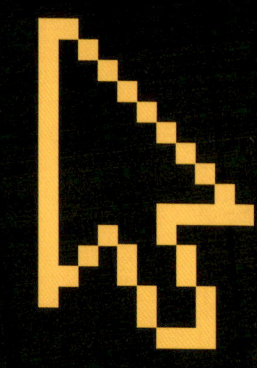

CAPÍTULO 2

Como vender para um mercado virtual

- **18** Marketing digital
- **22** Na prateleira e na net
- **26** Marketing nas mídias sociais
- **30** Relações públicas na net
- **32** O que é o e-marketplace

CAPÍTULO 3

Como colocar sua empresa na web

- **34** Definição de objetivos
- **36** Primeiros passos
- **38** Criação do site
- **40** Navegação acessível
- **42** Conteúdo adequado
- **46** Sites de e-commerce
- **48** O fator globalização
- **50** O que é pegada digital
- **52** Inteligência digital

CAPÍTULO 4

Como usar os recursos digitais

- **54** Otimização do site
- **58** Publicidade on-line
- **62** Mecanismos de busca
- **64** Mídia digital exterior
- **66** Marketing por e-mail
- **68** Comunicação por e-mail

- **70** Índice
- **72** Agradecimentos

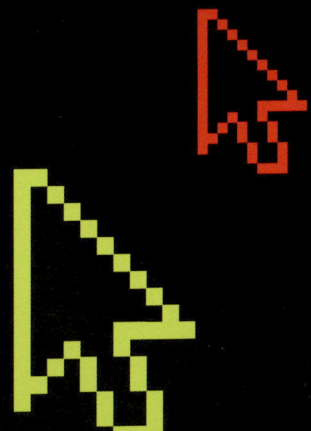

Introdução

A revolução digital mudou – e continuará mudando – a maneira como as pessoas esperam que as empresas e marcas falem com elas. O bombardeio unilateral não é mais aceito e os consumidores fazem questão de conversar e fazer parte da marca. Querem uma voz e foi isso o que a internet proporcionou. Se quiserem ser bem-sucedidos nos negócios, os executivos do século 21 precisam se adaptar a essas demandas.

Este livro tem como objetivo abordar os impactos dessa realidade nova e revolucionária no mundo dos negócios em uma sequência lógica. Os leitores encontram aqui orientações detalhadas para a implementação de várias estratégias on-line e das táticas disponíveis para o gestor contemporâneo.

Com a ajuda desta obra, você vai conhecer os elementos essenciais da mídia digital e seus impactos na gestão. O site da empresa ocupa lugar de destaque na estratégia de marketing digital e ganhou um capítulo próprio, mas o livro aborda ainda outras questões importantes, como comportamento de compra digital, meios de comunicação social, mecanismos de busca, publicidade on-line e uso de e-mails. Com esses instrumentos, ficará mais fácil tomar decisões na era digital.

Capítulo 1

O que é o mundo digital

Antes de avaliar como você e sua empresa podem se beneficiar da tecnologia digital, é importante compreender o ambiente em que essa realidade se desenvolveu – que inclui a história da tecnologia e os hábitos dos usuários.

Avanços da tecnologia

Embora não seja vital que os executivos conheçam plenamente a tecnologia por trás de aplicações digitais, a exploração do ambiente digital ajuda a compreender os impactos criados pela "revolução digital".

O que significa "digital"?

O termo descreve a informação digital armazenada e transmitida em termos de números definidos, como os segundos e os minutos de um relógio digital, ao contrário dos ponteiros de um dispositivo analógico. A tecnologia digital é usada hoje em quase todas as mídias, mas está mais associada à informática e à internet.

Como funciona

1 ARMAZENAMENTO
O conteúdo do site é armazenado em um servidor (computador).

2 BUSCA
O usuário digita o endereço (URL) ou clica em um link que o leva à página.

História da internet

A internet*, usada por pessoas em todo o mundo, foi criada por cientistas militares. Com medo dos efeitos de um ataque nuclear aos sistemas de comunicação durante a Guerra Fria, os líderes americanos apoiaram o projeto da ARPANet (Advanced Research Projects Agency Network), um sistema de computadores interligados que daria origem à rede mundial. Alguns acadêmicos, como o inglês Tim Berners-Lee, chamado de "pai da internet", ajudaram no desenvolvimento e em 1993 teve início o uso comercial da rede, com o lançamento do primeiro navegador, o Mosaic. Alguns líderes empresariais viram o potencial da novidade e a popularidade cresceu. Na virada do século 21, a bolha das empresas virtuais chamada "boom das .com" não demorou a estourar, mas não impediu que a internet se tornasse parte integrante da sociedade.

*Internet – A internet é uma rede de computadores. Ao consultar uma página na world wide web (www) ou mandar um e-mail, você está usando a internet.

O que o futuro reserva

A melhoria da tecnologia permite a transmissão de dados cada vez mais complexos. A largura da banda (quantidade de dados que pode ser transportada por uma conexão de internet) aumenta o tempo todo, mas vídeos e jogos on-line exigem recursos maiores do que os usados para texto e imagens, e o sistema corre risco de sobrecarga. A "neutralidade da rede" pode ser uma questão importante no futuro, já que muitos preveem para a internet um sistema com sites de download mais rápidos, de hospedagem mais cara, mas de acesso mais fácil.

3 ENCAMINHAMENTO
O provedor de internet passa o pedido de consulta ao servidor.

4 ENVIO
O servidor manda os arquivos.

5 ENTREGA
Os dados aparecem na página da internet.

Um planeta interligado

Embora os profissionais da área já prevessem o que iria acontecer, para a maioria das pessoas a revolução digital ocorreu quase da noite para o dia. Enquanto outros meios de comunicação, como o rádio e a TV, levaram décadas para se desenvolver e precisaram de gerações para serem aceitos, a internet precisou de poucos anos para se tornar onipresente.

Comunicação pela net

Em meio ao entusiasmo que cercou a internet na primeira década, às vezes esquecemos de que se trata sobretudo de um meio de comunicação eficiente, e não de uma panaceia para todas as empresas e problemas sociais. A eficácia e a utilidade do instrumento depende do uso que dermos a ele. Para transmitir uma mensagem, por exemplo, é o meio mais rápido, acessível e interativo que existe. E o que é mais importante: permite que as pessoas se comuniquem em qualquer lugar do mundo. Até o desenvolvimento da net, nunca foi possível postar uma mensagem que pudesse ser lida por qualquer pessoa, em qualquer lugar e a qualquer momento. Como meio de troca de informação, a internet não tem rivais – daí seu valor para quem quer se comunicar efetivamente com os consumidores.

Vida social na rede

Além das aplicações comerciais, a internet é utilizada por muitos usuários como parte da vida em sociedade, e os sites que atendem a essa demanda formam o que tem sido chamado de "redes sociais". Esses sites permitem conversar com amigos e conhecidos e discutir assuntos de interesse, além de funcionar como plataforma para que grupos de autoajuda troquem conhecimentos ou experiências. Diante da influência da web nas decisões de compra, do papel do e-mail como "correio do século 21" e da importância das redes sociais, fica fácil saber por que tantos usuários consideram a net vital para seu estilo de vida.

Pontos positivos e negativos

Em toda cultura existem oportunistas e na sociedade digital também há fraudadores. Até quem cumpre a lei pode se preocupar com o uso dos dados coletados pela internet. O roubo de informações pessoais, a utilização das informações para direcionar o envio de publicidade ou a simples facilidade de acesso às informações de domínio público são vistos como ameaças à privacidade. Esses temores afetam a disposição dos usuários de utilizar o comércio e a comunicação digitais.

PARA PENSAR... TAMANHO DA REDE

Nos locais onde a internet foi adotada rapidamente, sobretudo nos Estados Unidos, no norte da Europa e na Escandinávia, o número de usuários chegou a cerca de 70% da população. Mas a configuração geral tende a mudar em um futuro próximo: até agora, apenas cerca de 15% da população da Ásia tem acesso à web. Existe um abismo entre quem está no universo on-line e quem ainda não chegou a ele, mas quando países populosos como a Índia e a China tiverem a maior parte das pessoas conectada, os usuários da Ásia devem superar os do mundo ocidental.

Mídia social

O maior impacto que a revolução digital teve na sociedade foi a abertura da comunicação pessoal entre as massas ao redor do mundo. As mídias sociais asseguram que a esfera de interação de um indivíduo não esteja mais limitada a uns poucos amigos e conhecidos.

O que são mídias sociais

Embora o acesso à mídia contemporânea – jornais, TV e rádio – ainda seja restringido por seus proprietários, a internet proporcionou uma plataforma para vozes individuais serem ouvidas. Essa saída, a mídia social, vem em muitas formas. O termo não se refere só aos meios de comunicação atuais, mas sobretudo ao seu conteúdo – tudo o que está disponível para qualquer um ler, contribuir e se envolver. O outro aspecto fundamental das redes sociais é que elas são um meio de conversação de "muitos para muitos", com uma relação complexa entre o público e o remetente.

> **REDES DE RELACIONAMENTO**
> Permitem a conexão com outras pessoas em sites de relacionamento. Diversas aplicações nesses sites tornam a experiência mais interessante.

Impacto amplo

Os cidadãos da sociedade digital confiam mais uns nos outros do que nas mensagens de marketing das empresas – o que levou analistas a sugerir que, na era digital, as organizações não têm controle total de seu marketing. No entanto, enquanto a ausência de controle dá crédito à mídia social, a falta de controle editorial significa que a qualidade e a precisão possam ser comprometidas em relação ao conteúdo produzido profissionalmente.

> **APRENDIZADO**
> Você pode aprender a partir de conteúdo gerado pelos outros ou por experts em alguns sites. Pode ainda se beneficiar de outros pontos de vista sobre diversos assuntos.

Tipos de mídia social

SOCIAL BOOKMARKING
Você pode compartilhar suas páginas favoritas através de sites que permitem que você guarde-as e salve-as. Por exemplo: Digg e Del.icio.ous.

BLOGS E MICROBLOGS
Você pode compartilhar suas fotos e vídeos em sites que permitem fazer o upload de graça. A visualização pode ser limitada a amigos e familiares. Por exemplo: Wordpress, Blogger e Twitter.

REDES SOCIAIS
Você compartilha conteúdo, fotos, vídeos e interesses através de redes de relacionamento. Por exemplo: Orkut, Facebook, YouTube e Flickr.

Conteúdo gerado pelo usuário

Todos os elementos de mídia digital não desenvolvidos por profissionais são chamados de conteúdo gerado pelo usuário, em inglês *user generated content* (UGC). Em um contexto mais amplo, essa "mídia" espontânea reflete o desejo de participação das pessoas dos meios de comunicação.

COMO... USAR BLOGS

- Identifique os objetivos e o público-alvo.
- Selecione o conteúdo adequado.
- Escolha um nome condizente com o conteúdo.
- Abra uma conta em um site de hospedagem.
- Informe o público sobre a criação do blog.
- Atualize o conteúdo com regularidade.

Repórteres voluntários

Os criadores de conteúdo (também chamados de jornalistas cidadãos) podem enviar material de mídia digital em três formatos: texto, áudio ou vídeo. O site YouTube, por exemplo, tornou o envio de vídeos para a web bastante disseminado. O áudio vem por meio de podcasts, algumas vezes simples versões faladas do conteúdo escrito. Assim como o YouTube abriu espaço para gravações caseiras, o MySpace e o Facebook funcionam como plataforma digital para quem quer colocar conteúdo próprio na net. Esses sites simbolizam a mídia social, uma vez que suas páginas propiciam espaço para encontrar amigos, conhecidos e relacionar-se com novas pessoas. Quem deseja mais espaço pode recorrer aos blogs (contração do termo *weblog*), uma espécie de "diário on-line" usado para compartilhar opiniões.

Uso comercial

Indivíduos e empresas perceberam que as plataformas com contribuição do usuário podem ser usadas para fins de marketing. O YouTube, por exemplo, exibe agora vídeos profissionais. Da mesma forma, alguns dos blogs mais acessados são assinados por especialistas em diversos assuntos. Embora alguns autores escrevam apenas por motivos altruístas, muitos usam o espaço para se promover ou divulgar sua marca ou empresa.

Comentários on-line

Se atualizar um blog parece trabalhoso demais para alguns, existe uma maneira mais fácil de reunir comentários on-line: trata-se do preenchimento em espaços específicos das páginas da internet. Para alguns sites, os fóruns com comentários dos consumidores servem para gerar renda, uma vez que o espaço pode ser ocupado também por publicidade. Outros usam as opiniões como conteúdo adicional para atrair os visitantes, pois muitas pessoas gostam de conhecer as experiências de outros usuários sobre um produto ou serviço. Alguns sites de venda de produtos aproveitam as opiniões dos clientes para promover os itens oferecidos – é o caso da Amazon, que incentiva os clientes a lerem as opiniões sobre os livros. Pesquisas sugerem que mais de 60% dos clientes que não compram pela net consultam comentários on-line ou blogs antes de decidir a compra.

Os gestores responsáveis pela informação digital de uma organização precisam ficar atentos ao que circula sobre sua empresa nos vários fóruns on-line. Além de ser uma maneira conveniente de obter informações, você pode agir rápido se encontrar muitas opiniões negativas veiculadas ao mesmo tempo.

ESTIMULE O ENVIO DE OPINIÕES

Crie um mecanismo simples para que os usuários deixem comentários sobre o conteúdo do site ou do blog. Ofereça um campo de fácil acesso (com apenas um clique, por exemplo) para abrir espaço para as opiniões.

PARA PENSAR... A VOZ DOS CONSUMIDORES

Em geral, quando um usuário posta um comentário, costuma incluir sua opinião (positiva ou negativa) sobre uma empresa, produto ou marca. O registro deixado depende da experiência que aquele consumidor teve, mas pode influenciar outros. Alguns consumidores, porém, se manifestam apenas para expressar comentários positivos. Isso pode ser levado a tal extremo que o mecanismo acaba funcionando como um tipo de publicidade, como se aquela empresa ou marca contasse com uma espécie de "fã-clube digital". Considerando que muitos interessados checam o que se fala no mundo virtual sobre uma marca ou produto antes de decidir comprar, os "consumidores cidadãos" podem trazer grande contribuição para a comunicação de uma empresa.

Comunicação digital

Tanto em empresas como em orgãos públicos ou entidades sem fins lucrativos, funcionar sem o uso da tecnologia digital para a comunicação interna e externa hoje em dia é impossível. A organização digital pode facilitar o contato entre os três grupos principais: funcionários, fornecedores e clientes.

Mais perto da equipe

Antes da revolução digital, o contato direto entre duas pessoas só era possível por meio de telefonemas ou em conversas pessoalmente. Profissionais que viajam muito, como vendedores, podiam passar toda a semana ausentes, com pouco ou nenhum contato com os gerentes ou fornecedores, o que dificultava a adaptação de estratégias e a discussão dos processos em tempo real. Por isso, também se sentiam menos "ligados" à empresa. Hoje, tanto quem atua em lugar fixo como quem depende sobretudo da comunicação móvel nunca perdem contato com a base, não importa qual for a distância, graças aos telefones celulares, aos notebooks e à tecnologia sem fio (Wi-Fi). O fácil acesso à comunicação móvel contribuiu enormemente para a eficácia das equipes, não importa onde trabalhem. Na era digital, oferecer o acesso a essa estrutura deve ser uma prioridade de todo gestor.

ESTUDO DE CASO

Intel

A Intel foi uma das primeiras companhias do mundo a estabelecer uma política interna oficial para regular o uso de ferramentas de redes sociais por parte de seus funcionários. Longe de restringir a participação em blogs, wikis ou sites de relacionamento, o objetivo consistiu em definir diretrizes oficiais para nortear a conduta dos colaboradores que representam o nome da empresa no espaço livre do mundo virtual. A própria empresa enfatiza que tais diretrizes não são definitivas: devem estar em constante evolução, a fim de acompanhar o surgimento de novas tecnologias de comunicação.

Simplicidade para os fornecedores

A comunicação digital também melhorou a eficiência da coleta de produtos, armazenamento e estratégias de distribuição. Embora o contato entre as pessoas ainda seja um aspecto essencial para a eficácia das operações, a tecnologia digital também facilitou a gestão estratégica. Programas de computador são usados para monitorar processos, como horários de entrega e níveis de estoque, com possibilidade de rastreamento de um pedido, por exemplo, a qualquer momento. Além disso, os códigos eletrônicos (EPC), que utilizam identificação por radiofrequência, auxiliam no controle de estoque, armazenamento e logística.

Contato com os clientes

A tecnologia digital tornou a comunicação interna das empresas e o contato com fornecedores externos bem mais fácil e menos custoso. No entanto, utilizar esses recursos para falar com os clientes permite novos ganhos para a empresa.

Embora o contato pessoal seja comum em ambientes business-to-business (B2B), é no mercado de consumo que a tecnologia digital exerceu o maior impacto. Canais digitais, como o e-mail e o chat, bem como a natureza interativa de vários sites, permitem um contato entre quem compra e quem vende que nunca foi possível quando se contava apenas com os meios de comunicação tradicionais.

✓ PREPARE-SE COMO OTIMIZAR OS RECURSOS DA CONECTIVIDADE DIGITAL

	SIM	NÃO
Você usa o SMS para solucionar questões urgentes?	☐	☐
Usa e-mails para permitir que as mensagens sejam enviadas e abertas de acordo com a conveniência do receptor?	☐	☐
Sua empresa recorre à teleconferência, economizando recursos com viagens aéreas?	☐	☐
Você sabe usar o telefone celular a fim de encontrar as pessoas e ser localizado sempre que necessário?	☐	☐

Compras pela internet

O impacto da revolução digital ficou especialmente claro na maneira como os consumidores contemporâneos decidem suas compras. Os dias em que só era possível fazer comparação entre lojas nos locais ficaram para trás, pois o cliente digital pode obter informações sobre o produto sem sair de casa. Se tiver acesso a dispositivos móveis, faz pesquisas de onde estiver.

Comportamento de compra

*Ciclo de compra – uma série de medidas que inclui a identificação do problema, a busca de informação, a avaliação de alternativas e a decisão de compra.

O processo de avaliação das necessidades de um comprador é chamado de ciclo de compra*. Segundo esse conceito, cada aquisição decorre de uma série de ações que determinam a decisão final. O ciclo inclui o comportamento pós-compra, muitas vezes uma justificativa psicológica para a compra que acaba reforçando a decisão do consumidor.

Mudança de postura

A mídia digital revolucionou o comportamento de compra ao disponibilizar uma quantidade sem precedentes de informações para o comprador. Algumas lojas on-line divulgam informações sobre seus produtos com mais detalhes do que se usassem a mídia convencional e gastando menos. No entanto, como ocorre nos veículos tradicionais, trata-se de um esforço de marketing para vender o produto. Apesar de útil para quem procura dados, tem menos valor do que a informação independente, que pode ser encontrada em sites específicos ou blogs.

Vantagens da compra on-line

Existem três motivos principais para recorrer à informação digital na hora de decidir uma compra:
- **Dados independentes** É muito fácil encontrar opiniões independentes na internet. Algumas pesquisas indicam que os consumidores confiam mais no conteúdo espontâneo do que nos anúncios publicados em sites.
- **Conveniência** Os compradores podem passar por todas as etapas do ciclo de compra sem sair do conforto de sua poltrona – da pesquisa para comparar preços e condições à entrega em casa.
- **Preços mais baixos** Devido às possibilidades de menores custos operacionais e de uma pesquisa mais ampla por meio de sites de comparação de preços, aumentam as chances de gastar menos na compra.

DIFERENÇAS NO CICLO DE COMPRAS

ETAPAS	ANTES DA ERA DIGITAL	COM USO DA TECNOLOGIA
Identificação do problema	As suas rosas estão morrendo e os livros não fazem menção a doenças	Você descobre num chat de jardinagem que um parasita está contaminando as rosas
Busca de informação	Profissionais das lojas próximas não sabem explicar do que se trata	Participa de um grupo em um site especializado para discutir o problema
Avaliação das alternativas	Alguém informa sobre um evento de jardinagem a ser realizado no próximo mês	Você decide por um produto altamente recomendado em vários sites específicos
Decisão de compra	Sem saber qual é o problema, não é possível comprar um produto	Compra o produto em uma loja on-line
Medidas pós-compra	Sua situação continua a mesma	Posta seus comentários sobre o produto em sites de jardinagem

Capítulo 2

Como vender para um mercado virtual

Para a grande maioria das empresas, as mídias digitais constituem parte indispensável dos esforços de marketing e comunicação. Embora algumas vejam nisso um grande desafio, não é possível ignorar esse novo cenário.

Marketing digital

Um profissional de marketing precisa ter em mente que os instrumentos digitais devem fazer parte do mix de marketing*, mas que também eles têm uma combinação própria. O marketing digital só terá resultado se for gerido com a mesma atenção dedicada aos elementos tradicionais.

Uso dos recursos digitais

***Mix de marketing** – *combinação dos elementos de marketing, que são produto, preço, promoção e ponto de venda. Para o sucesso de um produto, marca ou empresa, é preciso haver equilíbrio entre as partes.*

Muitas vezes, as empresas cometem o erro de usar a mídia digital de forma isolada, em vez de integrá-la aos esforços de marketing off-line. Mas o segredo da eficácia está na coordenação adequada, já que a falta de integração pode levar a um conflito entre as mídias tradicional e digital. No final, a decisão sobre a integração é tomada pelos clientes, pois o bem informado consumidor do século 21 espera uma combinação das duas formas de marketing. Se você não for capaz de oferecer opções integradas, eles irão procurar alternativas em outro lugar.

Combinação de elementos

Embora o website seja a base de qualquer esforço de marketing on-line, ele não irá funcionar de forma eficaz se estiver isolado dos outros elementos do mix digital. Para fazer o melhor uso das diferentes possibilidades disponíveis, você deve usá-las de forma a maximizar sua natureza interativa. Um e-mail, por exemplo, pode incluir um link para o site da empresa, assim como todos os demais elementos de uma campanha viral. Outra opção é transformar o site da empresa em um ambiente de interação para os visitantes, com a oferta de promoções, jogos ou ambientes virtuais – na verdade, recriações on-line do mundo habitadas pelo alter ego de pessoas reais.

USE INFLUÊNCIA
Estimule os usuários de blogs a postarem comentários sobre os produtos ou serviços de sua empresa.

Interatividade

Nenhum outro meio permite que o espectador, leitor ou ouvinte manifeste interesse imediato por um produto, procure por mais informações e até mesmo compre com o simples toque de um botão. É a natureza interativa da mídia digital que proporciona vários elementos de fácil integração ao processo de comercialização. As práticas de venda se baseiam na tentativa de colocar o cliente em um caminho que facilite a ação, o que pode ser problemático quando envolve experiências com várias mídias. Um anúncio de rádio que informa um telefone para quem deseja obter mais informações dá margem a desistência da compra. Na comunicação digital, por outro lado, o usuário pode ler sobre determinado produto em um e-mail, clicar em um link para chegar ao site, conhecer detalhes sobre o artigo, assistir a um vídeo mostrando o funcionamento, ler a opinião de quem já comprou e fazer o pedido sem sair do computador.

COMO...
INTEGRAR TÉCNICAS REAIS E VIRTUAIS

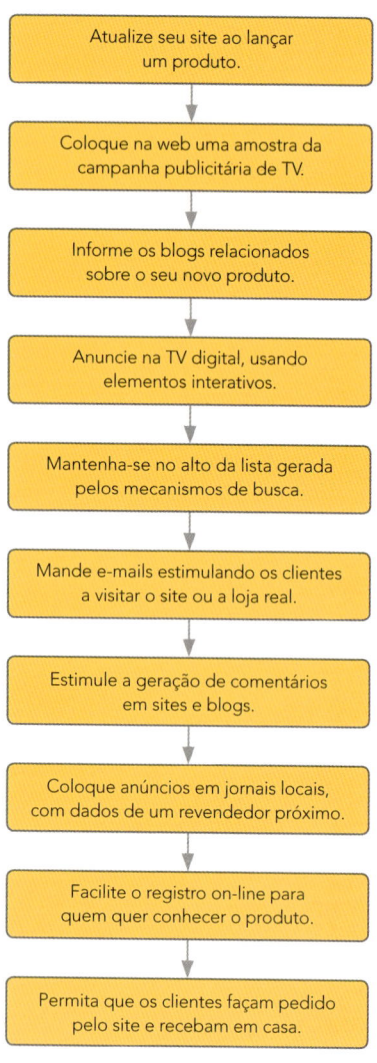

Pedido de busca

Cerca de dois terços das consultas nos mecanismos de busca são motivados pelo marketing off-line. Um profissional atento não se limita a otimizar a presença on-line para aproveitar esses impulsos, mas age de forma proativa na hora de identificar os termos que irão impulsionar as buscas. A palavra-chave é um termo ou frase informado em um mecanismo de busca para localizar sites que incluam conteúdo relacionado a ele. Ao prever a palavra que os clientes irão extrair do marketing real, você poderá dirigir a publicidade. Integrar os resultados de pesquisa on-line com a publicidade em outros meios pode ser uma combinação proveitosa:

- **Televisão** Anúncios na TV podem levar a uma intensa busca de frases ou termos específicos.
- **Outdoor** Às vezes, basta uma informação de um outdoor para suscitar o desejo de saber mais sobre um produto ou serviço.
- **Relações públicas** Palavras-chave adequadas podem ajudar a desfazer rumores ou defender a empresa de campanhas negativas.
- **Mala direta** Quem recebe correspondências pode se interessar por um produto ou serviço em promoção. A mensagem da marca é reforçada quando se verifica alta busca nas pesquisas.

Por onde anda o consumidor?

Uma das principais novidades da mídia digital é que os usuários sempre deixam um "rastro" que informa os sites que visitaram – de onde vieram, quantas vezes consultaram determinada página, quais produtos ou serviços pesquisaram e finalmente o que compraram. Esses dados podem ser armazenados, extraídos e analisados para criar uma "ficha" valiosa para as empresas. Isso pode acontecer de forma coletiva, ou seja, identificando quais sites enviam mais usuários para o seu, por exemplo, ou individualmente, no caso rastreando o trajeto de um visitante em particular. Com seu trajeto rastreado, os usuários podem ser identificados por meio de cookies, registros que um servidor da web consegue armazenar por determinado tempo. Em princípio, essas informações se destinam a propiciar um serviço mais individualizado ao consumidor.

ESTUDO DE CASO

Oferta de livros sob medida

Uma pioneira no uso de cookies é a Amazon. As informações armazenadas durante visitas anteriores permitem que, ao voltar a consultar o site da livraria on-line, os clientes encontrem anúncios relacionados aos produtos pesquisados ou comprados em visitas anteriores. Além disso, o conteúdo da página inicial pode ser personalizado de acordo com as informações mantidas nos cookies. Assim, o programa consegue analisar os exemplares pelos quais o usuário demonstrou interesse ou comprou em outra visita e oferecer uma lista de títulos recomendados, tomando por base os autores ou assuntos de preferência do visitante.

Na prateleira e na net

A integração das estratégias de marketing on-line e off-line é fundamental no setor de varejo, e alguns estabelecimentos vendem tanto em lojas físicas como pela internet. Os executivos conscientes dos recursos reais e virtuais devem buscar formas de associar ofertas e atender às demandas dos clientes.

O QUE DIZ A LEI

A legislação de proteção ao consumidor difere de país para país. Por isso, antes de lançar qualquer iniciativa multicanal, verifique o que diz a lei, sobretudo se oferecer seus produtos para outros mercados.

Sem conflitos

No início da internet comercial, as empresas varejistas mais tradicionais relutaram em aderir à revolução digital. Mesmo quem compreendia melhor o que era a web tinha medo de adotá-la como parte da estratégia de vendas e distribuição dos produtos. Essas empresas temiam que as vendas on-line "roubassem" clientes das lojas, gerando um conflito de canais. Como era de esperar, os concorrentes que começaram a atuar rapidamente na internet ganharam com as vendas on-line, e as empresas off-line perderam duplamente. Quando as vendas pela net atingiram 20% do total de transações, muitos viram que as vendas multicanais eram uma realidade e que a proporção das transações on-line subiria ainda mais.

Integração das compras

Os consumidores atuais já não se contentam em se dirigir a uma loja, comprar um produto e levá-lo para casa. Na era digital, muitos preferem a comodidade de pagar a compra na loja virtual e buscar o artigo no ponto de venda. Existem três motivos para isso: economia com as despesas de frete, conveniênciae atendimento de uma necessidade imediata. As exigências dos clientes aumentaram, assim como as possibilidades de inovação para os varejistas em sintonia com o mundo virtual.

Expectativas dos consumidores

Muitos consumidores que usam tanto canais on-line quanto off-line não querem somente comprar produtos: o que desejam na verdade é entrar nas lojas depois de navegar pela internet e encontrar o artigo pesquisado, pronto e à sua disposição. Mas as expectativas não terminam por aí. Se as roupas compradas on-line eventualmente não serviram, o comprador prefere trocá-las em uma loja perto da própria casa, de preferência depois de checar por e-mail se a loja dispõe do tamanho certo.

Para alguns estudiosos da área, a era das transações únicas ficou no passado. O futuro do marketing está no desenvolvimento do relacionamento com os clientes, de forma a assegurar novas vendas. Nesse caminho, as estratégias multicanais terão um papel fundamental para a construção dos relacionamentos.

❓ PERGUNTE-SE... POSSO TRANSFERIR CLIENTES DO SITE PARA A LOJA REAL?

- As promoções divulgadas na net são válidas para as lojas?
- Informo os clientes virtuais quando há eventos na loja, como um lançamento ou demonstração de produto?
- Disponibilizo cupons para impressão em casa que podem ser usados nas lojas físicas?
- Atualizo os compradores da net sobre as mudanças ou ampliações na rede física? Nem sempre os compradores virtuais sabem das novidades.

Entrega do pedido

ESCOLHA SEUS PARCEIROS COM CUIDADO

Se você estiver terceirizando sua entrega, certifique-se de escolher um parceiro que compartilha de seus padrões de serviço ao cliente. Se os bens não chegam, os clientes culpam o site, que recebeu o pedido, e não a transportadora.

Não importa a qualidade do seu site, o número de produtos listados nele ou quão competitivos os seus preços são se a mercadoria não chegar ao endereço certo e no momento que seja conveniente para o cliente.

No entanto, o cumprimento dessas obrigações começa antes que o produto seja despachado do centro de distribuição. Sistemas de controle de estoque podem estar ligados ao site de forma que o consumidor on-line possa acompanhar a disponibilidade do produto antes da compra. Cronogramas de entrega, bem como os custos de frete com opções "Padrão" e "Expressa" podem ser detalhados no site. Para os itens de baixo valor, as empresas de entrega podem oferecer o rastreamento on-line do pedido, para que os clientes possam acompanhar o andamento da entrega, do depósito até a porta de sua casa.

PARA PENSAR...
INTERATIVIDADE PARA OBTER RESULTADOS

Modelos tradicionais de venda têm o objetivo de levar o cliente a um caminho que começa com o interesse em um produto ou serviço e termina na ação (geralmente uma compra). Off-line, esse caminho pode ser bloqueado por obstáculos não planejados. Mas, on-line, ele pode passar do interesse pelo produto para a procura de informações sobre ele e depois para a compra, tudo com um clique do mouse. Usando a natureza interativa da mídia digital e combinando-a com o cumprimento do serviço de ótima qualidade, pode-se garantir que os diversos elementos do caminho estejam integrados, ajudando a converter simples interessados em clientes.

Satisfação para o consumidor

Tal como acontece com todos os problemas de marketing, a resposta de como utilizar ou não vários canais está com os clientes. Se eles esperam que haja um serviço simples, para comprar com apenas um clique, um sistema fácil de devolução ou facilidades na troca do produto, você deve fornecê-los. A venda é o ponto máximo do relacionamento da empresa com seus clientes. Então, mantenha-se atualizado sobre os serviços que os concorrentes estão oferecendo e certifique-se de que sua empresa não está ficando para trás.

Produtos intangíveis

OFEREÇA SERVIÇO EXTRA
Tenha uma opção de entrega expressa em seu site de comércio eletrônico para clientes com necessidades mais urgentes.

É fácil esquecer que *retail* também inclui a venda de bens intangíveis ou de serviços – e ainda é nesse campo que talvez esteja a maior parte das vendas on-line. O preço de venda de uma única reserva on-line de viagem de férias, por exemplo, seria equivalente a centenas de compras de livros. Essas operações também podem levar à exposição multicanal – por exemplo, o cliente pode querer pegar os documentos de viagem em uma loja física ao invés de esperar que eles cheguem pelo correio. Uma coisa que os prestadores de serviços deveriam considerar, como cabeleireiros e oftalmologistas, seria permitir que os clientes agendassem consultas on-line 24 horas – feito de forma eficaz, os custos dos softwares necessários seriam compensados por não ter pessoal para atender telefonemas de clientes que buscam informações mais detalhadas. A página da web de reserva do site também pode ser usada para *up-sell* (*upgrades* de oferta e outros *add-ons* para o produto original ou serviço) e *cross-sell* (venda de um produto ou serviço adicional). Esses *add-ons* extras podem ser, por exemplo, a oferta para o cliente de um contrato de serviço, uma garantia estendida, seguro ou serviços de instalação.

PREPARE-SE VENDAS MULTICANAL

	SIM	NÃO
• Seus clientes podem visitar uma loja, ver produtos e, em seguida, fazer uma compra em casa através da internet?	☐	☐
• Eles podem selecionar um produto no site, comprá-lo on-line e retirá-lo na loja ou pagar depois da entrega?	☐	☐
• É possível enviar uma mensagem por e-mail para reservar um produto?	☐	☐
• Podem comprar um produto usando qualquer método descrito acima e depois pedir que embrulhem para presente e entreguem em um endereço de terceiros?	☐	☐

Marketing nas mídias sociais

A mídia tradicional sempre veiculou mensagens de marketing e muitos meios de comunicação são mantidos por anúncios. Na mídia social a diferença, porém, está nos usuários. Em geral, são pessoas que valorizam o tom de "gente como a gente" presente no conteúdo gerado por consumidores. Para muitos, esta mídia é "feita por pessoas, e não por profissionais de marketing".

ATENÇÃO NA CONCORRÊNCIA
Além de se manter atento ao que as pessoas falam sobre seu produto ou empresa, avalie o que dizem sobre os concorrentes. Os comentários positivos e negativos podem ser úteis para você.

Informação de mercado

Na pesquisa de mercado convencional, as pessoas dizem o que acham sobre uma empresa, marca ou produto. Além de caro, esse sistema tem falhas, pois é difícil determinar o que os entrevistados realmente pensam. Uma estratégia de marketing atenta pode identificar o que as pessoas realmente acham a partir da avaliação dos comentários em sites de mídia social. Em vez de vasculhar a internet, é possível recorrer a programas que informam sempre que a empresa, marca ou produto for procurada no Google, ou incluída em um blog.

Envolvimento precioso

Ainda que o mero acompanhamento dos sites de mídia social tragam informações valiosas, uma postura ativa costuma render mais frutos. Sua empresa pode participar de vários blogs e comunidades. Dessa maneira, você pode responder a uma crítica negativa, explicando em um comentário que o problema já foi resolvido, ou entrar em salas de bate-papo, fóruns e blogs e participar de conversa digital. É preciso decidir se você deve ou não declarar seu interesse. Sempre é melhor revelar a sua ligação com a empresa, marca ou produto antes de fazer recomendações, ou irá correr o risco de se expor de forma inadequada e perder a credibilidade.

Anúncios em redes sociais

Os sites de mídia social têm um apelo particular para os anunciantes, mas há uma desvantagem significativa. Muitos usuários visitam os sites de comunidades para escapar do bombardeio comercial em que vivem, e por isso tendem a banir qualquer anúncio que apareça nas páginas. Para contornar isso, é essencial tornar a sua mensagem relevante. A tecnologia digital pode ajudar ao combinar as palavras-chave nos anúncios com o conteúdo da página da web, de modo que as propagandas apresentadas se relacionem com o tema em discussão. Em um fórum sobre determinada estrela de cinema, por exemplo, os anúncios podem incluir a biografia da atriz ou DVDs de seus filmes.

ESPAÇO ABERTO

Crie uma página em um site de mídia social para que os clientes satisfeitos deixem mensagens de apoio. Comentários positivos podem render novos clientes para sua empresa ou produto.

Opções de marketing social

	CONTROLE PRÓPRIO	CONTROLE EXTERNO
BIDIRECIONAL	**HOME WEB 2** Sites em que a comunicação com os clientes é bidirecional, mas controlada pela organização. Em geral, inclui sobretudo os conteúdos de mídia social da organização.	**EXTENDED WEB 2** Nesses sites, as empresas não exercem controle e os consumidores interagem de forma independente. Constituem a essência da comunicação social.
UNIDIRECIONAL	**HOME WEB 1** Sites nos quais os profissionais de marketing controlam a mensagem e a comunicação é unidirecional, do varejista para o cliente. Um exemplo são os sites de lojas.	**EXTENDED WEB 1** As empresas podem inserir conteúdo nos sites, mas não controlá-los. Os anúncios em mídia social e sites de comunidades pertencem a essa categoria.

Construção de uma comunidade

Em geral, os sites de mídia social têm geração orgânica – ou seja, são criados por pessoas interessadas no assunto. Às vezes, essas comunidades estão relacionadas a uma empresa ou marca e, ainda que funcionem para disseminar mensagens de marketing, têm sua existência baseada na total satisfação do cliente. Algumas marcas criam a própria comunidade virtual por meio da geração de sites ou dedicando parte de sua presença na web a atividades associadas à mídia social. Em geral, quem participa se considera mais um integrante de um clube do que um contribuinte de um site social. Em termos de negócios, essas iniciativas se aproximam mais do marketing de relacionamento do que da mídia social.

SEJA HONESTO NO SEU BLOG
Os blogs que fingem imparcialidade mas na verdade veiculam informações promocionais são chamados de "flogs". De fácil identificação, costumam afastar os clientes. No mundo virtual, a honestidade é a melhor opção.

Uso comercial

Para algumas empresas ou pessoas, manter um blog pode ser um elemento importante de uma estratégia de *branding*. Bem usado, um blog com intuitos comerciais pode trazer vantagens para a relação com o consumidor. Empresas de qualquer tamanho conseguem manter o seu "diário eletrônico", mas o segredo está em oferecer algo que tenha valor para o usuário. O Google, por exemplo, mantém um blog no qual um dos principais engenheiros da empresa explica como funciona o sistema de buscas e disponibiliza dicas para melhorar o uso. Uma empresa pequena com experiência ou conhecimento em B2B pode optar por discutir sobre o tema e assim atrair clientes ou interessados. A ferramenta também é útil para um consultor que deseja divulgar sua expertise.

O que é o marketing viral

O marketing viral pode ser definido como uma versão digital da propaganda boca a boca, pois depende dos usuários para ser passado adiante. Vários canais servem para o envio da mensagem, mas as mídias sociais são as mais comuns. Enquanto recomendações espontâneas reais dependem da oferta de um serviço ou produto acima da média para que o consumidor se manifeste, no mundo virtual é preciso oferecer alguma motivação para que a mensagem seja passada pelo cliente. Algumas recompensas são tangíveis, como um brinde, mas existem prêmios virtuais como os créditos, moedas ou presentes virtuais que o usuário recebe dos amigos por ter passado a informação. É essencial que o teor da mensagem seja um assunto sobre o qual as pessoas queiram se manifestar.

CRIE "MODA"
O marketing viral só funciona se os consumidores quiserem passar sua mensagem. Em geral, um conteúdo divertido ou incomum tende a circular com mais facilidade.

MARKETING VIRAL

PISTA CERTA	CONTRAMÃO
Criar alguns vídeos com cerca de 20 segundos e dar títulos criativos	Fazer vídeos de dois minutos e deixar claro que se trata de um anúncio
Colocar os clipes em vários sites de mídia social	Disponibilizar o vídeo em apenas um site
Checar se os *thumbnails* (imagens) chamam atenção	Permitir que o site escolha o *thumbnail*
Ser proativo e enviar e-mails para todos os seus contatos pedindo comentários	Esperar passivamente que as pessoas se manifestem, sem estimular a participação

Relações públicas na net

As relações com a imprensa e o público em geral – esforços e práticas voltados para a criação, promoção ou manutenção de uma imagem favorável de uma empresa, instituição, marca ou produto – já foram tratadas como atividades separadas (embora relacionadas). Na era digital, porém, as iniciativas encontram-se mais próximas do que nunca.

Como funciona o RP digital

Na era pré-internet, os profissionais de relações públicas (RP) dependiam do contato com jornalistas para que o conteúdo dos *releases* fosse publicado. Na era digital, no entanto, a divulgação de informações pode ser feita diretamente para o público-alvo. Além disso, por meio da mídia social, os destinatários podem repassar as informações em minutos. A influência de alguns blogueiros, sobretudo os especializados em um assunto, também consegue ultrapassar a repercussão de uma matéria impressa ou eletrônica.

BIOGRAFIAS
Perfil resumido e imagens da pessoa em questão, com os contatos da equipe de relações públicas.

Cuidado com a reputação

É em meio a uma crise que o RP digital se revela mais útil. O site em geral se torna a fonte de informações mais procurada, e uma empresa pode divulgar uma resposta imediata e detalhada ao alcance de todos. A mídia digital também facilita o caminho para que clientes insatisfeitos se expressem. Mas é preciso tomar cuidado para que uma onda de reclamações ou comentários negativos não evolua para uma campanha de difícil solução. Em geral, medidas jurídicas atraem ainda mais repercussão negativa. A melhor resposta nesses casos é dialogar logo no início com quem se mostra descontente.

LOGOS
Versões digitais do logotipo da empresa, junto com um *clipping* de notícias positivas.

Elementos de um *release* digital

FOTOS
Imagens dos profissionais, instalações, fábricas etc.

LOCALIZAÇÃO
Endereço, e-mail e telefone das unidades da empresa, se for importante.

INFORMAÇÃO SOBRE EVENTOS
Clipes de áudio e vídeo de eventos que destacam os pontos fortes da empresa.

DESCRIÇÃO DO PRODUTO
Informação detalhada com imagens dos produtos ou serviços oferecidos.

O que é o e-marketplace

No mundo real, mercado é o local onde compradores e vendedores interagem. Essa definição também vale para a web. Já no mundo digital, o termo e-marketplace é mais usado para definir os sites que permitem que compradores e fornecedores participem de negociações, como leilões.

MOSTRE O ROSTO
Participe de mais de um e-marketplace. Um para cada segmento do mercado no qual sua empresa atua pode ser um bom começo.

Como explorar o e-marketplace

A internet e os mercados virtuais tiveram um enorme impacto sobre o ambiente do B2B. Em geral, a força de um mercado convencional é avaliada pelo alcance que é oferecido aos usuários. No caso do mundo digital essa distância pode ser global, o que confere ao mercado eletrônico uma perspectiva muito maior. Na realidade on-line, empresas pequenas competem com maiores. Além disso, e-marketplaces são ideais para fazer contatos, pois permitem a troca de informações entre proprietários, gestores, funcionários, fornecedores e clientes. Quem ignorar as possibilidades dessa realidade pode se isolar.

Leilões eletrônicos

Embora o universo B2B tenha facilitado as relações ao proporcionar uma "vitrine" digital interessante tanto para quem quer vender como para quem quer comprar, o destaque em vários e-marketplaces são os leilões on-line (*e-auction*, em inglês). Existem dois tipos: em um os compradores fazem sua oferta e quem oferecer mais fica com o produto à venda (portanto, o preço sobe). Em outro, o comprador faz o lance inicial com a intenção de baixar o valor da transação. Na era digital, compradores e vendedores de todo o mundo podem ficar sabendo e participar de leilões múltiplos usando um software específico para gerenciar licitações e vendas.

Licitações on-line

Nas compras do setor público, as licitações constituem um caminho comum para encontrar fornecedores de artigos diversos – de clipes a aviões. Muitas empresas concentram os esforços de marketing nesses processos. No entanto, a forma convencional era complicada e demorada, e apenas grandes nomes de um setor podiam destinar recursos para se habilitar, apresentar propostas e participar das licitações. Com os processos on-line, o cadastramento junto às autoridades ficou mais simples e basta um e-mail para saber o que está acontecendo. O envio de documentos e formulários também ganhou agilidade. Além disso, os sistemas de "e-participação" de muitas entidades do setor público facilitam o envio de propostas conjuntas, permitindo assim que empresas de pequeno porte possam combinar suas capacidades em uma oferta única.

A PRIMEIRA "E-IMPRESSÃO"

Prepare com cuidado sua apresentação antes de aderir a um e-marketplace. Sua credibilidade depende de seus produtos e de como você "vende" sua empresa.

VANTAGENS DO E-MARKETPLACE

PISTA CERTA	CONTRAMÃO
Ser seletivo com o e-marketplace no qual cadastra sua empresa	Registrar-se em vários e-marketplaces e visitá-los pouco
Ao apresentar sua empresa e os produtos ou serviços, atentar à boa impressão	No formulário de inscrição, preencher apenas as informações básicas de sua empresa ou produto
Participar de discussões e sugestões	Só se manifestar se achar que pode conseguir oportunidade de ganho
Avaliar as oportunidades de forma consistente	Informar-se sobre as oportunidades apenas ocasionalmente

Capítulo 3

Como colocar sua empresa na web

A presença de uma empresa na internet é o aspecto mais importante do esforço de marketing digital. O site corporativo muitas vezes funciona como o primeiro ponto de contato para os clientes e fornecedores em busca de informações.

Definição de objetivos

Pelos critérios do marketing, existem apenas três objetivos para qualquer site: desenvolvimento de marca, geração de renda e atendimento ao cliente. Embora alguns consigam abarcar os três aspectos, um deles deve prevalecer: este é o objetivo principal de sua página na internet.

Gestão da marca

*Conflito de canal – quando vários métodos de distribuição entram em conflito. É o caso do produtor que vende direto ao consumidor e também por meio de varejistas.

O site voltado para o *branding* tem como função principal a promoção da marca. Em geral (e ainda que isso pareça incomum no universo B2C), não oferece estrutura para fazer compras on-line. É usado principalmente por fabricantes que utilizam outros canais de distribuição e venda e querem evitar o conflito de canais*. Cada vez mais, clientes potenciais recorrem à internet para conhecer organizações de todos os tipos – de escolas a corporações multinacionais – e a primeira impressão é a que fica. O site de sua empresa deve ser um elemento importante da estratégia de gestão da sua marca.

Geração de renda

Esse tipo de site eleva os ganhos por meio de vendas ou marketing direto, permitindo uma fácil avaliação do retorno sobre o investimento. Embora as compras on-line B2C estimulem a publicidade, as transações B2B sempre serão maiores. A compra on-line não é viável para a maioria dos produtos B2B, e por isso os sites para esse tipo de operação são projetados para apresentar informações que estimulam o interessado a contatar um vendedor.

AVALIE SEUS OBJETIVOS

Ao desenvolver um site, pergunte-se: quais são meus objetivos? Quem irá visitá-lo? O que pode atrair os usuários?

Atendimento ao cliente

A comunicação digital, quando usada corretamente, melhora o serviço e o atendimento oferecidos aos clientes de forma eficaz e com custos significativamente reduzidos. A internet tornou-se fonte indispensável de informação e é difícil imaginar a vida sem ela. Se um comprador está à procura de um manual de instruções ou quer agendar um voo em uma companhia aérea, na era digital pode fazer isso do seu computador sem dificuldade. Da mesma forma, você pode incluir uma página bem cuidada com a relação das dúvidas mais frequentes no site da sua empresa e assim facilitar a consulta dos clientes.

✓ PREPARE-SE QUAIS OS OBJETIVOS DO WEBSITE?

	SIM	NÃO
• Você discutiu os objetivos com os criadores do site, a fim de usar tecnologia, apresentação e código visual adequados?	☐	☐
• Foram definidos objetivos claros e que permitem aferir a eficácia do site?	☐	☐
• Avaliou o retorno sobre o investimento da construção do site na comparação com os objetivos propostos?	☐	☐

Primeiros passos

A criação ou atualização do site da empresa deve ser muito bem elaborada. Antes de tomar qualquer medida para alterar a estrutura ou desenvolver uma página nova, você deve se perguntar quem será o responsável pela tarefa, qual o melhor nome de domínio e o local de hospedagem mais indicado.

Gestão do site

CREDIBILIDADE GARANTIDA
Use um endereço de e-mail com um nome de domínio próprio. As pessoas confiam menos em uma empresa que usa uma conta de e-mail pessoal.

Indique uma pessoa para desenvolver e gerenciar o site da sua empresa. Em uma empresa pequena, a tarefa pode ser executada por um único profissional, mas nas grandes pode ser preciso recorrer a uma equipe, tanto interna quanto externa. Se for esse o caso, aponte um responsável pelo projeto. Prefira não deixar o desenvolvimento do site nas mãos do departamento de tecnologia da informação, pois o olhar de alguém com experiência no mercado editorial é bastante importante.

Endereço certo no nome de domínio

PARA PENSAR...
NO QUE CONSISTE O DOMÍNIO

O domínio primário é a última parte do "endereço". No caso do nome www.exemplo.com, **www** é o domínio em terceiro nível, **exemplo** é o domínio secundário e **com** é o domínio primário. Quando o endereço inclui a abreviação que indica o país de origem, como no caso de www.exemplo.com.br, **www** é o domínio em quarto nível, **exemplo** em terceiro nível, **com** é o domínio secundário e **br** é o primário.

Muitas vezes definido como "seu endereço na internet", o nome de domínio deve ser muito bem escolhido. Vale lembrar que, para quem atua apenas no mercado virtual, o nome funciona também como uma marca do negócio. Se você tem uma empresa "real" e está começando a atuar na internet, a melhor medida é registrar o endereço na web com a mesma denominação e evitar confusões para os clientes.

Não existe uma fórmula para registrar o nome de domínio ideal para sua empresa, mas uma boa regra é: se a atuação se limitar ao seu país, inclua o sufixo de identificação; caso sua empresa tenha presença no comércio global, prefira a forma ".com". Para domínios de categorias específicas, como edu.br ou org.br, é preciso comprovar que a empresa se enquadra no grupo escolhido.

Onde hospedar

Os sites ficam armazenados em computadores que estão permanentemente em linha, conhecidos como servidores. Por causa dos custos e da especialização necessárias para manter esses sistemas, poucas empresas mantêm servidores próprios e preferem terceirizar a hospedagem para quem "aluga" espaço na web. A não ser que a atuação on-line seja um aspecto muito forte do seu negócio, prefira recorrer a um dos vários provedores de serviços de internet. Ao fazer sua escolha, porém, avalie aspectos como a velocidade para download, a frequência de inatividade do servidor e todas as questões de segurança relacionadas a ele.

PERGUNTE-SE... O NOME DE DOMÍNIO É ADEQUADO?

- O tamanho é adequado? Em geral, nomes curtos são mais fáceis de serem lembrados.
- Há algo que dificulte a memorização do nome?
- A forma escrita ou falada pode gerar confusão? A pronúncia pode dar margem a dúvidas?
- O nome é o mesmo da marca ou da empresa no mundo real?
- O nome de domínio será usado também para outros fins – como e-mail?

Criação do site

Embora muitas vezes um profissional consiga desenvolver um website sozinho (é o que costuma acontecer, sobretudo em empresas pequenas), esse não é o melhor caminho se a página tiver objetivos a cumprir. Um site eficiente e útil exige uma série de habilidades, a fim de satisfazer às necessidades dos visitantes – em geral, os clientes da empresa.

COMO... CRIAR UM SITE

- Defina os objetivos do site.
- Registre um nome de domínio adequado.
- Indique um gestor.
- Decida se o desenvolvimento será feito na empresa ou fora dela.
- Busque especialistas para criar os vários conteúdos.

Quem desenvolve?

Se a criação do site ocorrer dentro da empresa ou for terceirizada (em parte ou totalmente), vai precisar de conteúdo. Quando o desenvolvimento fica a cargo de técnicos e designers, há riscos de um resultado próximo de uma "vitrine" de habilidades técnicas, com um design nem sempre acessível aos visitantes. Profissionais de marketing, por outro lado, mantêm o foco nos clientes, mas não possuem as competências técnicas para concretizar a tarefa. Uma equipe de criação ideal deve incluir: programadores, designers gráficos, especialistas em usabilidade, criadores de conteúdo, redatores e profissionais de marketing. Para desenvolver um site que permita o comércio eletrônico, é essencial ouvir profissionais de venda da sua empresa: eles, mais do que ninguém, sabem o que o cliente espera encontrar.

Apelo visual

Um site bem desenvolvido apresenta seu conteúdo de forma a estimular o público-alvo, convidando-o a tomar as medidas que satisfaçam suas necessidades e atendam aos objetivos do site. No caso de um site de comércio eletrônico, o conteúdo exerce as funções de um profissional de vendas; para o site de uma empresa aérea, funciona como call-center, e assim por diante.

Atributos técnicos

Um site é composto de um código-fonte, elaborado por programadores. Da mesma maneira, o texto e as imagens que farão parte do site devem ser formatados pelos designers. No entanto, nem todos os usuários utilizam o mesmo equipamento para acessar a página: como quem desenvolve o site não tem controle sobre isso, o problema pode ser significativo. As questões técnicas que precisam ser abordadas durante o desenvolvimento incluem aspectos como o browser ou navegador (Internet Explorer, Firefox e Safari) que será utilizado, pois esse dado pode levar a leituras diferentes do código-fonte. A velocidade de download costuma variar dependendo da largura da banda e as páginas também podem aparecer de forma variada de acordo com a tela.

DICA

TESTE MUITAS E MUITAS VEZES

Antes de colocar o site no ar, confira se todas as funções técnicas e operacionais realmente funcionam.

DESTAQUES DE UMA HOMEPAGE

PISTA CERTA	CONTRAMÃO
Certificar-se de que a página carrega com rapidez	Sobrecarregar a página com imagens grandes ou recursos de tecnologia "pesados"
Pensar no usuário segmentado	Ignorar o segmento de mercado e disponibilizar conteúdo geral
Ser direto e oferecer propostas de valor ao usuário	Incluir só informações que dizem respeito a você
Estimular o visitante a explorar o site	Não oferecer links úteis aos usuários

Navegação acessível

Quem vai a uma loja e gasta 15 minutos vasculhando o local até achar o que procura dificilmente se torna um cliente fiel. No caso, faltaram praticidade e disposição adequada, dois atributos igualmente válidos – e preciosos – para quem explora a realidade virtual.

Exploração do site

DICA

ASSUMA O PONTO DE VISTA DO CLIENTE
Você e sua equipe de projeto devem desenvolver um site que permita uma navegação confortável. Pense nas dificuldades que o usuário pode encontrar.

Assim como ocorre com qualquer atividade que exige a busca de direção, a navegação on-line deve oferecer facilidade para que visitantes encontrem seu caminho pelo website. Lembre-se de que muitos usuários vão chegar a ele utilizando um mecanismo de busca e tendem a "entrar" pela página inicial. Por isso, é essencial que a navegação seja clara em todas as partes – caso contrário, os visitantes se sentirão tentados a sair. As várias páginas e seções que compõem o site devem ser sinalizadas com clareza.

Experiência amigável

Embora intimamente relacionada com a navegação, a usabilidade adota uma visão mais integrada sobre a funcionalidade de um website. Essencialmente, trata-se da facilidade que um site oferece para que o usuário atinja seus objetivos durante a visita. Isso significa simplificar os caminhos, o que pode exigir alguma adaptação no aspecto visual – fonte de atrito comum entre os designers e os profissionais de marketing. No entanto, o fator decisivo deve ser sempre o cliente: na hora de desenvolver o site da sua empresa, pense em quem irá usá-lo.

Funil de vendas

A navegação e a usabilidade são importantes para todos os sites, mas nas páginas de comércio eletrônico tornam-se cruciais. O visitante não pode encontrar dificuldades para fazer a compra. Para traçar o caminho, pense em um funil com uma larga entrada (atenção*) e uma saída direcionada (ação). Os clientes que entram em outra parte (movidos por interesse ou desejo) devem ser direcionados para a ação. O funil pode ajudar a identificar o ponto de desistência da compra.

*Atenção – Primeira fase do ciclo de marketing. Inicialmente um produto chama a atenção do cliente, em seguida, gera interesse ou desejo de compra, para, finalmente, levar à ação.

❓ PERGUNTE-SE... O SITE É ADEQUADO A TODOS OS USUÁRIOS?

- O site ajuda os usuários casuais – que não sabem o que estão procurando – por meio de uma navegação que informe que estão no site certo?
- Auxilia os visitantes que sabem o que querem fornecendo dados sobre as possibilidades e facilitando a localização dos produtos?
- Para os usuários que sabem o que buscam, o processo de compra é rápido e fácil? Ou é preciso percorrer um longo caminho de cliques e janelas até chegar à concretização da compra?

Conteúdo adequado

Para definir o conteúdo de um site, é preciso tomar três decisões principais. Em primeiro lugar, como satisfazer a necessidade que trouxe o visitante ao seu site; em segundo, qual informação o usuário espera receber para atender a essa necessidade e, finalmente, qual a apresentação adequada para passar essas informações para o visitante.

A importância do texto

As imagens conseguem dizer mais do que mil palavras – mas, em geral, é o conteúdo textual (as palavras) que atende às necessidades dos visitantes. Além de oferecer um motivo para visitar o site – por exemplo um conteúdo com proposta única de valor –, é essencial que o texto permita fácil leitura na tela do computador. Muito raramente (ou quase nunca) um usuário de fato lê todo o conteúdo de uma página da internet: o mais comum é correr os olhos em busca de termos ou palavras-chave que possam ajudar a achar a informação que ele procura. Por isso, o texto de um site deve ser apresentado em blocos comedidos, com parágrafos com espaço e bem definidos, precedidos de um pequeno título ou cabeçalho para resumir o assunto. Se o volume for grande, dividi-lo em partes ajuda a localização, e também neste caso o uso de títulos e cabeçalhos em cada segmento e subdivisão pode ser valioso. Finalmente, não convém desprezar as facilidades exclusivas da comunicação pela web, como os hiperlinks. Este recurso bastante útil permite passar com um clique de uma página a outra na qual o assunto é tratado de forma mais detalhada.

> **DICA**
>
> **ATENÇÃO AO CONTEÚDO**
> Lembre-se de que os visitantes valorizam o conteúdo de um site. Se ele for bom, ninguém irá se importar com um visual básico – mas não existe design capaz de disfarçar um conteúdo pobre.

> **ESTUDO DE CASO**
>
> **Dell**
> Maior distribuidora de computadores dos Estados Unidos, a Dell foi pioneira ao explorar a internet como ferramenta de vendas. Na década de 1990, valendo-se da interatividade on-line, definiu um modelo comercial que prescinde de lojas físicas, reduz custos e permite a customização de equipamentos pelos consumidores. A vocação inovadora continua na era da mídia social: a Dell lança promoções exclusivas para os seguidores da marca no Twitter. Nos primeiros seis meses de vendas pelo microblog, o faturamento chegou a US$1 milhão.

✓ PREPARE-SE O SITE DA SUA EMPRESA ESTÁ DE ACORDO COM AS EXIGÊNCIAS DA LEI?

SIM NÃO

- Em algum lugar, o site relaciona os termos e condições para utilização do material veiculado? ☐ ☐
- O site inclui uma declaração na qual reforça o compromisso com a preservação da privacidade dos usuários? ☐ ☐
- Existe um aviso que exime o site do destino dado pelos usuários ao conteúdo veiculado? ☐ ☐
- Você possui aviso de direitos autorais que deixe claro a proibição da reprodução do conteúdo por terceiros sem autorização? ☐ ☐
- Você possui uma nota explicativa sobre o uso de cookies? ☐ ☐

Uso das imagens

Estudos sobre como os usuários leem as páginas da web sugerem que as imagens de destaque* (*hero shot*, em inglês) muitas vezes são ignoradas por causa do texto disposto nas proximidades, não obtendo assim o mesmo efeito que causariam na mídia impressa. Por isso, algumas vezes a inclusão de imagens pode ser um desperdício de espaço. No entanto, o desenvolvimento do site deve ser pautado pela satisfação das necessidades dos visitantes, e há momentos em que as imagens fazem falta – sobretudo quando se trata de descrever um produto no contexto em que ele foi projetado. Nesse caso, utilize imagens produzidas profissionalmente, com tecnologia digital e que permitam uma apresentação adequada, como tamanho e definição condizentes. Um recurso comum é incluir imagens com tamanhos reduzidos, mas que aumentam com um clique. Já a tecnologia 3D permite que o usuário avalie um produto a partir de ângulos diferentes. No site de um hotel, por exemplo, a vista da sacada de um apartamento pode ser capturada e disponibilizada para apreciação dos usuários do site.

***Imagem de destaque** – foto de jornal ou revista selecionada para atrair o leitor, nem sempre com o efeito de agregar valor ao conteúdo.

> **DICA**
>
> **INCLUA DADOS RELEVANTES**
> Na hora de definir o conteúdo, verifique se os itens escolhidos interessam ao seu público-alvo.

Formato audiovisual

Áudio e vídeo são dois outros formatos disponíveis para o desenvolvedor do site, e você pode usá-los para tornar o conteúdo mais rico e envolver o usuário. A chegada do formato MP3 facilitou a inclusão do conteúdo de áudio, que pode ser ouvido pelos usuários sem dificuldades. Ainda que às vezes se trate apenas de uma versão falada do conteúdo escrito, há quem inclua gravações de entrevistas e palestras ou ainda instruções, como um passo a passo para fazer um bolo. O vídeo costuma ser uma versão visual das opções de áudio, também usado para apresentar um produto ou serviço – como o interior de uma casa mostrado em um site de uma imobiliária. Como acontece com as imagens, o material deve ser produzido profissionalmente para dar credibilidade ao site.

Recursos extras

Um recurso exclusivo utilizado pelas mídias digitais são os *widgets*, pequenos aplicativos em geral úteis, como calculadoras (em um site financeiro), previsão do tempo (na página de uma estância turística) ou um relógio que mostra a hora local e em outras partes do mundo. Fáceis de inserir e disponíveis a partir de terceiros, esses "brindes digitais" podem melhorar a experiência de quem visita o seu site.

Como usar um vídeo

INTRODUÇÃO
Inclua uma abertura com a presença do presidente ou dono da empresa para dar um tom mais pessoal ao vídeo.

TESTEMUNHOS
Inclua declarações de pessoas comuns. Em geral, um depoimento impressiona mais do que uma cena dirigida.

DEMONSTRAÇÃO DE PRODUTO
Um vídeo com uma pessoa mostrando como funciona o produto costuma esclarecer bem mais do que uma explicação escrita.

DEMONSTRAÇÃO DE SERVIÇO
Se você vende um serviço, como um pacote de viagem, um vídeo pode dar a ideia da experiência oferecida.

INSTRUÇÕES
Se você precisa mostrar como montar, consertar ou manter um aparelho, a instrução visual costuma ser eficiente.

Sites de e-commerce

Um site de comércio eletrônico permite transações on-line, em geral por meio de pagamento com cartão de crédito ou boleto bancário. Cada vez mais utilizados, à medida que os hábitos de compra incorporam as facilidades da internet, incluem aspectos que exigem uma análise cuidadosa.

Compras virtuais

Em um ambiente real, os clientes podem ver, tocar, sentir ou até provar um item antes da compra, mas na "estante virtual" a decisão deve ser tomada com base nas imagens e descrições na tela. O texto irá funcionar como um vendedor on-line. Começando com uma breve descrição do produto, deve incluir todas as informações que um cliente interessado gostaria de saber antes de decidir comprar um produto ou serviço.

PRODUTOS

DETALHES

DICA

VENDA CRUZADA

Quando o processo de compra se aproximar da conclusão, lembre o comprador sobre acessórios ou produtos relacionados.

Hora do pagamento

Se o encerramento da compra não funcionar com perfeição, os recursos gastos para levar o cliente até esse ponto terão sido desperdiçados. O processo começa quando o consumidor coloca um produto na cesta. Certifique-se de que ele pode ver o que está selecionado e facilite a escolha entre opções, como tamanho ou cor, quando houver. O valor da "conta" deve incluir impostos e custos de transporte. Permita que o consumidor "salve" a compra para terminá-la depois.

Quem entrega o produto?

Embora a entrega do produto não seja um elemento da revolução digital, se essa parte da transação não for cumprida, todos os demais esforços serão inúteis. Também conhecido como "logística", trata-se do processo de colocar o item certo no lugar certo em um momento conveniente para o destinatário. Inclui quatro elementos-chave:

- **Controle de estoque** garante a disponibilidade do produto no momento desejado.
- **Custos de envio** incluem a embalagem e o transporte e devem ser acessíveis.
- **Logística de saída** se ocupa da entrega do produto ao comprador.
- **Devolução** lida com os casos de produtos avariados ou de entregas incorretas.

Esses quatro aspectos aparecem com frequência como fatores essenciais para a retenção dos clientes.

COMPRA		ENVIO	
A SER ENVIADA	ENVIADA	RASTREAMENTO	COMPROVANTES

PERGUNTE-SE... O SITE ATENDE AOS VÁRIOS TIPOS DE COMPRADOR?

- O site agrada quem o visita apenas por curiosidade?
- É útil para quem realmente quer comprar algo?
- Atende às necessidades de quem pesquisa produtos, preços, disponibilidade e condições de um produto ou serviço?
- O site é agradável o bastante a ponto de estimular o usuário a repetir a compra no futuro?

O fator globalização

Se sua empresa atua em outros países, você deve decidir se vai manter o mesmo padrão (usando o mesmo mix de marketing) ou se convém adaptar a estratégia para atender aos mercados locais. Os profissionais de marketing digital enfrentam a mesma questão no que se refere ao site.

Falando com o mundo

Algumas empresas nacionais usam um único site para o mundo todo. Em geral, o idioma adotado é o do país de origem da organização, com possibilidade de tradução para o inglês em algumas páginas ou no conteúdo total. Porém, não há nenhuma alteração no conteúdo para atender aos mercados locais ou ambientes específicos de negócios.

> **IDIOMA OFICIAL**
> Adote a língua falada no mercado-alvo.

Sites globais

Algumas empresas desenvolvem sites diferentes para cada local onde atuam, muitas vezes acrescentando os sufixos de cada país ao nome de domínio. Em geral, o conteúdo é uma tradução do site original, com pequenas adaptações de conteúdo à realidade local.

Uma empresa realmente global desenvolve sites próprios para cada país ou região onde atua. Como regra, o design e a estrutura seguem um padrão, mas o conteúdo passa por modificações para torná-lo adequado à cultura e às questões locais.

> **TRADUÇÃO CONFIÁVEL**
> Submeta a tradução a um nativo, pois versões literais podem alterar o sentido.

Aspectos de um site com alcance global

ASPECTOS CULTURAIS
Considere a cultura local. Cores e sinais, por exemplo, têm significados distintos de um país para outro.

CUIDADO COM OS LINKS
Informe no link qual o idioma do site ao qual o usuário será direcionado.

COMUNICAÇÃO CORRETA
Certifique-se de que aspectos importantes, como unidades de medida, seguem o padrão local.

USO DE META-DATA
Traduza os meta-dados, como os tags de HTML, para facilitar a presença nos mecanismos de busca.

O que é pegada digital

Um problema do marketing, em especial do *branding*, é a dificuldade em avaliar o retorno sobre o investimento – mas a revolução digital vem contribuindo para a solução desse problema. Como os usuários deixam um rastro ao percorrer a web, é possível avaliar o que está acontecendo e identificar eventuais motivos para um desempenho abaixo do esperado.

DICA

AFERIÇÃO CORRETA
O número de visitas é a melhor medida da popularidade de um site. Mesmo que sua página seja bastante procurada nos mecanismos de busca, o que de fato conta é a quantidade de usuários que chegam até ela.

Caminhos possíveis

Sem limitação de tempo e de recursos, não existe virtualmente nenhuma barreira para as estatísticas on-line. Os sistemas variam de simples contadores de visitantes a programas que acompanham todos os passos do usuário em um website, permitindo inclusive refazer o caminho traçado. Para quem faz grandes transações on-line, esse sistema é indispensável. Para a grande maioria das empresas, no entanto, basta um programa de estatísticas básicas, capaz de aferir a origem geográfica do visitante, o site que consultou antes de chegar ao seu, quantas páginas acessou e quanto tempo dedicou à visita.

Coleta de dados

Como acontece com grande parte do ambiente digital, a disponibilidade de softwares (a maioria gratuitos) pode ajudar a recolher dados essenciais para avaliar o desempenho do site da sua empresa. Muitos sites de hospedagem oferecem avaliações como parte do pacote de serviços. O Google, por exemplo, permite o acesso a estatísticas importantes para a maioria dos gestores de sites. No entanto, vale lembrar que a avaliação dos resultados deve ser feita por profissionais que conheçam o assunto.

Todos os dados são valiosos?

A possibilidade de reunir uma quantidade quase infinita de dados não significa que todas as estatísticas sejam úteis. Na verdade, somente vale a pena gastar recursos para coletar dados que possam ser analisados a fim de gerar informações úteis – ou seja, que sirvam de base para a tomada de decisões. Essencialmente, a coleta de dados deve se concentrar nos principais indicadores de que o site está ou não atingindo os objetivos propostos. Um site de e-commerce pode ser avaliado de acordo com o total de vendas. Se o número de visitantes for muito maior que as transações, porém, e poucos fazem compras, o profissional de marketing digital deve tentar descobrir o que está impedindo a compra on-line.

ESTATÍSTICAS DA WEB

OBJETIVOS DO SITE	NÚMERO DE VISITANTES	VISITAS REPETIDAS	INTENSIDADE DA BUSCA	AÇÕES CONCLUÍDAS
Fortalecer a marca	Alto índice revela boa exposição da marca.	Visitas repetidas indicam fidelidade.	Quanto maior a procura, maior o envolvimento.	Pouco relevante, pois o site não se destina à venda.
Atender consumidores	Um alto índice alivia a demanda dos recursos off-line, mas pode indicar problemas com o produto.	Uma grande afluência denota insatisfação com as visitas anteriores.	Longas buscas podem significar desejo de solucionar o caso ou dificuldade para localizar o que procuram.	Poucas ações concluídas indicam que os visitantes não encontraram o que queriam.
Gerar renda	Muitas visitas só indicam sucesso se acompanhadas de um número elevado de compras.	Um alto número de visitas repetidas revela fidelidade à marca.	Buscas longas podem indicar que o visitante precisa se esforçar para encontrar o que procura.	Poucas ações concluídas avisam que o principal objetivo do site não está sendo atingido.

Inteligência digital

Embora os dados gerados pelos sites possam fornecer informações valiosas sobre as atividades dos clientes no que se refere à presença de sua empresa na web, o ambiente digital proporciona um acesso mais amplo a informações antes disponíveis apenas para os estudiosos off-line.

Dados primários

DICA

ATENÇÃO À PARCIALIDADE

Um problema das pesquisas on-line é que incluem apenas a opinião de quem tem acesso à web, o que em geral não representa o universo total dos consumidores.

Todos os métodos de coleta de dados primários por meio da internet, na verdade, são aplicações on-line de técnicas tradicionais off-line – só que podem custar menos e apresentar bons resultados. A internet facilita a distribuição dos questionários e a natureza interativa da web eleva o alcance das respostas. As pesquisas virtuais podem ser feitas por meio da inserção de uma caixa com as perguntas logo na abertura de um site movimentado, do acesso a questionários completos a partir de um link em uma página ou por e-mail.

Informação secundária

Em geral, informações detalhadas de um mercado, disponíveis em bibliotecas ou sob encomenda, podem ser obtidas em empresas especializadas. Algumas associações comerciais e câmaras setoriais também publicam dados de mercado, às vezes disponibilizados nos sites das instituições. Diversos órgãos governamentais ou internacionais divulgam dados on-line – como faz a Organização Mundial do Comércio, que utiliza seu website (wto.org) para publicar estatísticas sobre o comércio global. Quem busca informações sobre seu setor de atuação pode se inscrever em sites de notícias, de organizações específicas ou blogs e solicitar o recebimento de newsletters.

Espionagem digital

Saber o que faz a concorrência é uma prática muito antiga e informar-se sobre o que acontece no mundo on-line e off-line faz parte da atuação de uma empresa. Na era da internet, bastam alguns cliques para saber o que os concorrentes estão oferecendo, quanto cobram, como distribuem seus produtos e que tipo de promoção utilizam para divulgar e estimular as vendas.

MANTENHA-SE EM DIA
Fique a par das notícias e acontecimentos recentes no seu setor de atuação.

LEIA OS COMENTÁRIOS
Saiba o que os consumidores falam de sua empresa e da concorrência.

AMPLIE O HORIZONTE
Encontre novos mercados visitando sites de empresas que possam se interessar por seus produtos.

PROCURE NOVAS IDEIAS
Crie novos produtos, de olho no que os líderes do setor expõem em seus sites.

Capítulo 4

Como usar os recursos digitais

A revolução digital proporcionou às empresas um novo meio de enviar mensagens promocionais aos clientes. Aproveitar esse canal exige algumas habilidades específicas ou o sistema pode se revelar pouco eficiente.

Otimização do site

Compreender como funcionam os mecanismos de otimização do site (*search engine optimization*, em inglês) é essencial para ter sucesso no mercado digital. A influência das ferramentas de busca no ambiente virtual é tal que, em muitos aspectos, o marketing digital é basicamente o marketing de busca.

Ferramentas de busca

*SERP – *Search Engine Results*, ou *Returns Page*. É a página que apresenta os resultados da pesquisa.

Otimizar uma página é tomar medidas para deixá-la atraente para as ferramentas de busca, apresentando a informação de modo que esses recursos calculem que esse site trata do resultado de uma pesquisa específica. Ao contrário da opinião popular, o alvo da otimização de busca não é tirar o melhor proveito das ferramentas de busca, mas, sim, satisfazer através de um resultado com listas e sites que possuam os termos procurados. Assim, geram receita com publicidade nas SERPs*. As ferramentas de busca precisam dos sites tanto quanto os gestores das páginas da web precisam deles.

Como funcionam

Ferramentas de busca funcionam por rastreamento na web para encontrar informações sobre os sites. Quando um usuário faz uma pesquisa, o "buscador" avalia o índice de relevância em relação aos critérios do pedido usando o próprio algoritmo (cálculos que definem a importância de uma página). O algoritmo é a essência da otimização, e sua fórmula é mantida em segredo pelas ferramentas de busca. Na base estão as palavras-chave, termos ou frases que o pesquisador digita ao solicitar uma busca. Por isso, um profissional de marketing deve fazer a adequação entre as palavras-chave associadas ao site às utilizadas pelo pesquisador. Você pode definir as palavras "bons preços" e o consumidor digitar "barato". Quem vende brinquedos pode incluir a frase "presentes para crianças" e assim otimizar seu alcance na web.

Os especialistas acreditam que a otimização de uma página envolve dois grupos diferentes: (1) elementos relacionados ao site propriamente dito (on-site) e (2) elementos externos aos parâmetros do site (off-site).

DICA

VERIFIQUE TODO O CONTEÚDO

Cheque se seu site está totalmente otimizado – não só páginas da web mas também imagens, vídeos, PDFs, mapas e arquivos de música.

PERGUNTE-SE... EU VALORIZO A OTIMIZAÇÃO DO MEU SITE?

- As vendas on-line são importantes para o faturamento da sua empresa?
- Sua empresa vende mais pela internet do que off-line?
- O principal objetivo do site é vender?
- Os clientes chegam ao seu site por meio de ferramentas de busca?
- Suas iniciativas de marketing off-line enviam clientes para o website?
- É grande a concorrência no setor de atuação? Como os concorrentes aparecem nas ferramentas de busca?
- Você vende um produto de nicho procurado pelos consumidores?
- Se sua empresa atua no ambiente B2B, qual a importância da internet nos leilões e licitações on-line?

Otimização on-site

Otimização *on-site* significa colocar as palavras-chave nos lugares certos de uma página da web. Essas palavras devem surgir naturalmente no conteúdo – uma página sobre diamantes vai incluir termos como "claridade" e "quilate", mas é possível ajustar o texto para melhorar a classificação. Os mecanismos de busca, assim como os seres humanos, fazem a leitura priorizando o cabeçalho. Também tentam avaliar a credibilidade dos sites e por isso uma loja on-line que não inclui um endereço físico é considerada menos confiável do que outra (com palavras-chave iguais) que apresenta esses dados. As palavras-chave também podem ser colocadas no código-fonte, inclusive no *tag* do título da página, em atributos *alt* para imagens e *tags H1* (instruções da página).

FERRAMENTAS
Ofereça recursos para os usuários, como um glossário com os termos do seu setor. Outros sites farão links para esse conteúdo.

Como atrair links para seu site

OPINIÕES CONTRÁRIAS
Assuma uma postura ou exemplo que contrarie o pensamento predominante no seu setor e escreva sobre o tema.

> **NOTÍCIAS**
> Inclua notícias relevantes sobre seu setor e conquiste quem deseja se manter atualizado.

> **DICAS**
> Organize algumas dicas que possam atrair quem busca um passo a passo. Um exemplo é "Cinco maneiras de atrair links".

> **RECURSOS**
> Transforme o seu site em uma fonte de informações sobre o setor. Disponibilize artigos ou resultados de pesquisas.

Otimização off-site

Os elementos externos ao site ganham cada vez mais importância. Apesar de considerar aspectos como a credibilidade e o histórico do site (tempo de existência e frequência das atualizações), os mecanismos de busca também dão preferência a sites que tenham links com outros, pois presume-se que essas "recomendações" revelam alguma legitimidade. Não é apenas a quantidade de links que conta: os mecanismos de busca também conferem mais credibilidade a sites com nome de domínio acadêmico, como .edu. A relevância do site associado também é considerada: um link de uma página de futebol para outra sobre jardinagem não tem nenhuma utilidade.

Publicidade on-line

O recurso de colocar anúncios na mídia tradicional, como jornais, televisão e revistas, é utilizado há décadas. Já a publicidade virtual foi por muito tempo considerada uma alternativa ruim para os veículos convencionais, mas hoje movimenta grandes somas de dinheiro em todo o mundo – o que comprova que a era digital realmente chegou.

Definição de objetivo

Assim como a publicidade tradicional, a publicidade on-line cumpre três objetivos principais:
- **Ação direta** – tenta provocar uma reação nos consumidores;
- **Geração de interesse** – comum no B2B, pretende dar início a um diálogo com o consumidor;
- **Branding** – promoção de uma marca, empresa ou produto.

Definidos os objetivos, é preciso decidir se a publicidade será gerada internamente ou terceirizada. A segunda opção em geral garante anúncios mais adequados, mas envolve custos.

Também é importante decidir onde veicular. Com as redes on-line até sites pequenos podem divulgar um produto, o que aumenta as opções para quem quer anunciar. Para que a iniciativa tenha consistência, porém, o anúncio deve estar relacionado com o conteúdo do website escolhido.

Escolha do formato

Basicamente, existem dois formatos disponíveis de publicidade on-line – texto e *banner*. A escolha da melhor opção depende do objetivo do anúncio e do meio escolhido. Embora os objetivos sejam definidos por quem anuncia, é a natureza do site escolhido que irá determinar a apresentação do anúncio. Anúncios de texto, que aparecem em SERPs e em publicidades da rede, são considerados melhores para a ação direta, enquanto os *banners*, expostos na parte superior, inferior ou lateral das páginas, são indicados quando se deseja fortalecer a marca.

Anúncios tipo *pop-up* costumam ser malvistos e sua visualização pode ser obstruída pelo uso de um software de bloqueio. Porém, nas estatísticas esse é o tipo de *banner* mais bem-sucedido, e pode ser eficaz quando bem utilizado.

Anúncios on-line

CUSTO POR MIL IMPRESSÕES (CPM) – usado para anúncio de *banners*; o pagamento depende da exposição.

CUSTO POR CLIQUE (PPC) – o anunciante paga somente quando os usuários clicam no anúncio.

PAY PER CALL – o site que abriga o anúncio recebe um valor sempre que for feita uma chamada para o telefone do anunciante.

TIPOS DE PUBLICIDADE

	PUBLICIDADE CONVENCIONAL	PUBLICIDADE ON-LINE
Vantagens	• Agências e anunciantes têm familiaridade com o meio • As habilidades, ferramentas e técnicas são conhecidas e desenvolvidas • Os custos são definidos	• É interativa • Pode surtir resultados imediatos • É possível associar o conteúdo do anúncio com a natureza do site • A tecnologia digital facilita a análise • Na modalidade PPC, só são pagos os anúncios que surtem efeito • Os usuários procuram as páginas, o que permite a autossegmentação
Desvantagens	• É difícil avaliar o retorno sobre o investimento • O tempo de exposição é limitado • Comunicação de "mão única" • Nem sempre é segmentada	• Exige o uso de habilidades novas • Desconfiança das novas tecnologias e falta de compreensão sobre o funcionamento digital • Não há momento de pico, pois os usuários navegam na net de acordo com suas preferências

DICA

Anúncios segmentados

PENSE LOCALMENTE
Se a ideia for atingir um público local, recorra a sites como Google Maps, Microsoft Live Search e Yahoo!Local.

Embora o conceito de marketing direcionado seja tão antigo quanto a própria publicidade, na era digital ficou mais fácil enviar anúncios apenas para o mercado-alvo. Na publicidade tradicional existe uma possibilidade de segmentação ampla, mas no mundo on-line o destaque é a autossegmentação. O processo é possível porque a internet é um *pull medium* – os usuários solicitam páginas do seu interesse – e, como os mecanismos de busca e as propagandas da rede funcionam a partir das palavras-chave, pode-se combinar os anúncios com o conteúdo dos sites. Assim, se um site informa sobre cuidados ao dirigir, as seguradoras de carro podem preferir anunciar ali.

Existem dois tipos de publicidade on-line:
- **Contextual** – os anúncios têm relação com o conteúdo da página.
- **Comportamental** – os anúncios são exibidos de acordo com o histórico de visitas do usuário da net.

Um terceiro tipo (que pode ser combinado com os dois primeiros) é o critério geográfico, pois o reconhecimento de IP permite identificar de qual parte do mundo o visitante faz a consulta, e os anúncios são exibidos considerando também esse aspecto.

✓ PREPARE-SE COMO OBTER O MÁXIMO DOS ANÚNCIOS ON-LINE

	SIM	NÃO
• Escolhi as palavras-chave corretas?	☐	☐
• Determinei um custo por clique para essas palavras?	☐	☐
• Elaborei um texto agradável e capaz de estimular a ação no receptor da mensagem?	☐	☐
• Desenvolvi páginas de chegada que estimulam o visitante a uma ação condizente com os objetivos do anúncio?	☐	☐

Páginas de chegada

Parte essencial do funil de vendas, as páginas de chegada (ou de destino) são as que recebem um usuário que clicou em um anúncio on-line e devem ser elaboradas com a mesma atenção dedicada ao anúncio. Pense nelas como uma extensão da publicidade – se um anúncio motivou um cliente potencial a clicar nele, é essencial preservar o impulso que o estimulou, de preferência por todo o trajeto, até a etapa de "finalizar a compra". A página deve ser concebida para prolongar esse impulso, e por isso remeter os interessados à página de abertura do website é um erro grave. O ideal é que ela consiga segmentar os visitantes de acordo com a fase do processo na qual se encontram. Uma pessoa que clica em um anúncio de hotel pode querer uma reserva ou apenas avaliar as possibilidades. Uma página de chegada eficaz deve conseguir encaminhar cada usuário para a parte específica do site do hotel.

Aparelhos móveis

Há tempos anunciada como "a próxima fronteira", a publicidade em aparelhos móveis começa a se configurar. Embora a definição de "aparelho móvel" seja discutível (um notebook pode ser móvel), em publicidade digital o termo designa os equipamentos portáteis que permitem conexão com a web, como celulares e PDAs *(personal digital assistants)*. Apesar das questões técnicas relativas à formatação do conteúdo para telas pequenas, o novo meio pode ser eficaz para os anunciantes. Compradores de última hora tendem a aprovar serviços como venda de ingressos de teatro. E os sistemas dos aparelhos de GPS talvez contribuam para veicular anúncios que consideram a localização geográfica, como avisar um usuário da proximidade de um café de sua preferência.

Mecanismos de busca

Anunciar nos mecanismos de busca não é o mesmo que ser listado nas páginas de resultados, mas uma "disputa" das empresas para aparecer perto das listagens exibidas quando um usuário consulta uma palavra-chave ou frase. A publicidade de rede utiliza princípios semelhantes.

Como usar o conceito

*Taxa de rejeição – percentual de pessoas que, após chegar a uma página de destino, voltam imediatamente para o site anterior. Um alto índice indica que as páginas de destino não estão conseguindo reter os visitantes.

Os anúncios em mecanismos de busca de modo geral são exibidos ao lado dos resultados da pesquisa. No entanto, nesse tipo de publicidade, em vez de selecionar as páginas com base na relevância para aquela busca, as palavras-chave são compradas pelos anunciantes por meio de um sistema de licitação. O anúncio com mais destaque será aquele com a melhor oferta, a qual nem sempre é o lance mais alto. Outros fatores que influenciam são:
- **Taxa de cliques (CTR)** Percentual de usuários que clicam em um link de publicidade ou anúncio.
- **Páginas de destino** Baseia-se em fatores como a taxa de rejeição*, a importância das palavras-chave nos títulos e no texto e o **modelo de negócios**.

PARA PENSAR... CLIQUES FALSOS

Quando os cliques não são feitos por um cliente real, trata-se de uma fraude. Sempre podem ocorrer erros, mas o que preocupa as empresas são as tentativas deliberadas de enganar o anunciante. Como o pagamento ao responsável pelo site é calculado com base no número de vezes que os usuários clicam no *banner*, quem se beneficia com os "falsos cliques" é o editor da página que veicula a publicidade. Em alguns casos, o editor do site encomenda os cliques repetidos a "falsos usuários" – obviamente pagando menos do que recebe.

Após vencer a licitação a um preço fixo, esse valor é pago ao mecanismo de busca cada vez que um cliente potencial clica no anúncio. Esse conceito também é conhecido como custo por clique (*pay per click*, em inglês). Uma das principais vantagens da compra de anúncios é a possibilidade de algum controle, o que não ocorre na otimização de busca. Nas redes de publicidade, os anúncios são veiculados nas páginas cujo editor optou por anúncios de rede (mediante pagamento ao custo por clique). Em vez de procurar palavras-chave condizentes, esses anúncios combinam os termos "comprados" com o conteúdo de uma página na web.

Licitação de palavras-chave

Na licitação da palavra-chave, a disputa faz diferença e por isso alguns termos custam mais do que outros. A busca eficiente e a publicidade de rede se baseiam em obter o maior número de conversões a um custo que viabilize o lucro. Isso significa comparar um custo mais elevado, porém com mais conversões de qualidade – como visitas que resultam em compra – com publicidade de baixo custo, mas sem muitas conversões. Os aspectos a serem considerados são:
- **Opções de combinação** Defina se prefere buscas a partir de frases ou palavras gerais ou exatas.
- **Custo das palavras-chave** Avalie se convém apostar nas palavras mais comuns (e mais caras) ou nos termos menos óbvios e mais em conta.
- **Diferenciadores** Use adjetivos que especificam melhor as palavras-chave.
- **Marcas** Incluir uma marca na frase de busca pode ajudar, mas também criar problemas com os direitos.
- **Horários** Defina a exibição para os horários em que seu público-alvo está on-line.
- **Segmentação demográfica** Selecione a idade e o gênero, mas prepare-se para ampliar as opções.

COMO... ANUNCIAR A CUSTO POR CLIQUE

Selecione palavras-chave adequadas e que podem ser pedidas pelos usuários.

Desenvolva o conteúdo com cuidado para que o anúncio atinja o seu público-alvo.

Faça uma oferta adequada para a palavra-chave, se houver mais interessados no mesmo termo.

Certifique-se de fazer a melhor oferta para aparecer no alto da lista dos anúncios.

Pague uma taxa ao mecanismo de busca ou rede somente quando um usuário clicar no seu anúncio.

Mídia digital exterior

Impulsionada pelos recursos cada vez mais amplos da tecnologia, a mídia digital exterior está crescendo, substituindo o modelo "estático" e chegando a locais antes indisponíveis para os anunciantes. Em geral, é usada para fazer propaganda de alimentos e bebidas, bens de consumo, aparelhos eletrônicos e opções de lazer.

O que é a mídia digital

A sigla DOOH (*digital out-of-home*) se refere à mídia digital exibida em espaços públicos (aeroportos, escritórios, hospitais, consultórios e salas de espetáculo), lugares sociais (bares, restaurantes, cafés, universidades) e também em locais de compra. A tecnologia digital permite apresentar anúncios dinâmicos, especialmente criados para os ambientes nos quais o espectador tem tempo para absorver uma mensagem mais longa, como nos transportes públicos. O teor da mensagem pode ser amplo ou mais restrito. Em locais onde há filas, painéis de 70 polegadas exibem anúncios para entreter as pessoas, enquanto placas de vídeo digital instaladas em um restaurante podem exibir informações como o cardápio do dia.

Algumas vantagens são:
- **Visibilidade** Em certos lugares, é impossível não prestar atenção.
- **Público específico** Permite acessar um público-alvo certo, dependendo do lugar e do horário.
- **Sensores** Tecnologias especiais permitem captar o movimento das pessoas e adaptar a mensagem.

> **PERGUNTE-SE... O ANÚNCIO PARA MÍDIA DIGITAL ESTÁ CORRETO?**
> - O público-alvo foi definido com clareza?
> - O formato é adequado para o público-alvo?
> - O conteúdo é coerente com o meio e os potenciais clientes?
> - O local e o horário são condizentes?
> - Sei como avaliar o retorno sobre o investimento?

Como usar a novidade

Em geral, os espectadores das mídias digitais são pessoas em deslocamento, em pé em uma fila ou envolvidas em outra atividade, como fazer compras ou comer. Portanto, para transmitir sua mensagem com eficiência você deve identificar esses diferentes tipos de receptores e adequar o conteúdo. Algumas considerações importantes são:

- As mensagens digitais surtem mais efeito se exibirem textos curtos e claros, apresentados com imagens e movimento.
- O texto deve permitir uma leitura fácil, indicar o assunto e a proposta de valor e estimular o espectador a agir, informando site, endereço físico ou telefone.
- Para tornar a mensagem mais atraente, pode-se incluir movimentos e alterar a disposição visual do texto e de outros elementos, usando um efeito pisca-pisca, por exemplo.
- A duração depende do tempo de exposição: o espectador permanece pouco no local ou passa várias horas? Se for preciso alterar a duração, nas mídias digitais o processo costuma ser simples.
- Mensagens complexas não surtem bons efeitos. Em geral, informações básicas acompanhadas do estímulo à ação funcionam melhor.

DICA

MOMENTO CERTO

Os anúncios em mídias digitais permitem especificar a hora da veiculação. Descubra qual o momento mais propício para divulgar seu produto e ganhe eficiência.

ESTUDO DE CASO

Diversão coletiva

Quem passou o Ano-Novo de 2008 na Times Square, em Nova York, esteve entre as primeiras pessoas que viram e testaram o jogo Multiplayer para celular, da MegaPhone. Patrocinado pelo Bank of America, o jogo era um teste sobre futebol americano e os participantes faziam ligações dos celulares para um número exibido na tela e respondiam às perguntas usando os teclados. Até 500 jogadores podiam entrar no jogo e competir em tempo real. A empresa considerou o evento um excelente lançamento para o novo produto, e o patrocínio permitiu ao Bank of America atingir um público que geralmente está fora do seu alcance.

Marketing por e-mail

Apesar do fluxo de spam que chega em nossas caixas de entrada todos os dias, o marketing direto por e-mail oferece o melhor retorno sobre o investimento.

Como preparar os e-mails

É possível comprar listas com endereços de e-mails, mas o melhor é criar a própria mala direta com base no cadastro de clientes, pedidos de vendas ou dados de concursos e sorteios. Mas é essencial ter autorização das pessoas para enviar as mensagens.

Redigir uma mensagem adequada não é tarefa fácil. O primeiro obstáculo é que só duas linhas de seu e-mail são visíveis na caixa de entrada: assunto e nome do remetente. O remetente pode ter alguma influência, mas o assunto é fundamental. Se essa definição for atraente, o e-mail será aberto. Como acontece em várias mensagens de marketing, o assunto pode oferecer uma "solução" para problemas ("quer se livrar das multas?") ou uma comunicação urgente ("a última chance para..."). A linha de assunto deve levar até a mensagem, e a esta cabe conduzir o leitor até a página de destino.

Enviar um e-mail de marketing é mais complicado do que colocar uma carta no correio. A mensagem pode ser bloqueada por filtros anti-spam e aparecer de forma diferente para os vários destinatários, de acordo com o programa de que dispõem. Para testar, crie e-mails em provedores diferentes e mande a mensagem para você mesmo.

7
AVALIE OS RESULTADOS
Verifique quantos e-mails resultaram em compra.

6
ENVIE
Mande os e-mails e faça um follow-up por tempo determinado.

Como enviar e-mails publicitários

1. DEFINA OS OBJETIVOS
Determine as metas e o público-alvo da iniciativa.

2. FAÇA UM MAILING LIST
Elabore ou compre uma lista de destinatários.

3. CRIE O TEXTO
Escolha um assunto interessante e um texto que convide à ação.

4. PREPARE AS PÁGINAS
Crie um espaço de chegada que propicie a compra.

5. TESTE
Mande para e-mails de provedores diferentes para avaliação.

Comunicação por e-mail

Quando se pensa com a perspectiva profissional, é fácil associar os e-mails ao marketing direto. Muitas vezes as empresas se esquecem de que se trata de um meio de comunicação importante e que pode ser bastante eficiente. E-mails enviados para clientes devem receber o mesmo cuidado que qualquer outro conteúdo gerado na empresa.

DICA

SEJA BREVE
Se você precisa acrescentar algo no formato de rodapé, seja direto ou poderá comprometer a mensagem.

E-mail lido, e-mail respondido

Responder os e-mails exige cuidado e atenção. Em geral, as mensagens que chegam a uma empresa se relacionam com a própria atividade (contato com fornecedores, vendedores ou candidatos a emprego) ou são enviadas por clientes. Todos os e-mails devem receber igual atenção. Seja qual for a sua resposta, adicione um toque pessoal e identifique-se sempre como uma pessoa, e não como uma empresa. Acrescente seu endereço e outras informações para contato.

Mensagens adequadas

Com frequência, os e-mails são enviados sem a avaliação de como seu conteúdo pode impactar os esforços de marketing da empresa. Para que os e-mails sigam um padrão definido, basta observar algumas práticas bastante simples:
• **Inclusão do nome** de quem responde a mensagem, sobretudo no caso de consultas sobre vendas ou de dúvidas dos consumidores.
• **Resposta rápida** a todos os e-mails.
• **Uso de logotipo ou marca da empresa**, a fim de padronizar as mensagens.
• **Padronização no estilo do texto**, incluindo uma forma de saudação e de assinatura, além do tom que deve predominar em todas as mensagens.

Respostas automáticas

Para muitas empresas, sobretudo as que lidam com e-commerce, o volume de e-mails costuma ser imenso, todos com um teor similar. Essencialmente, a mesma mensagem segue para pessoas diferentes, todos os dias. Nesses casos, a tecnologia digital pode ser usada para gerar respostas automáticas – mas, como em todo e-mail enviado, é preciso tomar cuidado. Um cliente que faz uma compra pode receber uma resposta como "Obrigado pelo pedido. Sua compra será processada e logo informaremos a data de entrega", que é bem melhor do que "Seu pedido foi recebido". Até as respostas automáticas podem ajudar a construir um bom relacionamento com os consumidores, e dar um toque cordial a cada mensagem deve ser requisito mínimo.

RESPOSTA A E-MAILS

PISTA CERTA	CONTRAMÃO
Designar funcionários para dar prioridade e responder os e-mails recebidos	Deixar as mensagens na caixa de entrada até que alguém tenha tempo para responder
Repassar a mensagem a quem tem mais elementos para responder	Deixar que qualquer profissional (mesmo sem preparo) responda
Enviar uma resposta até o dia seguinte acusando o recebimento	Não se preocupar em confirmar que uma mensagem chegou
Orientar a equipe a responder os e-mails de forma correta e oferecer modelos, se necessário	Não perguntar se os remetentes estão satisfeitos com as respostas

Índice

A
ambiente digital 6
anúncios
    em aparelhos móveis 61
    em redes sociais 27
    digital out-of-home 64-5
    on-line 58-61
Arpanet 7
avaliações do uso da web 50-1

B
Berners-Lee, Tim 7
blogs 12, 28, 30
boca a boca, propaganda 29

C
ciclo de compra 16-7
comportamento
    de compra 16
    pós-compra 16
compra digital 16-7
compradores virtuais, tipos 47
comunicações digitais 14-5, 19
comunidade 28
conectividade 15
conflito de canal (distribuição) 22, 34
consumidor, conteúdo gerado 12
conteúdo 42-5
    áudio 44
    imagens 43
    texto 42
    vídeo 12, 45
    widgets 44
cookies 21
críticas e comentários on-line 13

custo
    por chamada 59
    por clique 59, 63

D
dados independentes 17
digital, o que é 6
domínio, nome 36-7, 57

E
e-auctions veja leilões on-line
e-commerce 46-7, 50-1
e-mail 66-9
    automático 69
    campanha 67
    comunicação 68
    marketing 66-7
    marketing direto 16
    preparação 66
    respostas 69
e-marketplace 32-3
espionagem digital 53
estatísticas 50
estratégia de distribuição 15

F
feedback 13
finalização da compra on-line 46
flogs 28
fóruns 13
fraude 62
funil de vendas 41

G
globalização 48-9
GPS 15, 61

H
homepage 39
hospedagem 37
    links 56
    navegação 40-1
    objetivos 34-5
    questões especiais 36-9
    tradução 49
    usabilidade 41
hyperlink 42

I
imprensa virtual 30
informação de compra, on-line 17
integração vendas on-line e off-line 22
internet 7
    alcance 9
    comunicação 8
    história 7

K L
kit de imprensa 31
legislação de proteção ao consumidor 22
leilões on-line 32
licitações on-line 33
logística 15, 47

M
mala direta 67
marketing viral 29
    digital 18-9, 20
    social 26-7
mecanismo de busca 19
mídia social 9, 10-1, 26-7
mix de marketing 18, 53

N O

navegação 6
neutralidade 7
otimização
    off-site 56-7
    on-site 56

P R

página de chegada 61, 62, 67
palavras-chave 20, 27, 55, 56, 63
    anúncio 62
pay per call *veja custo por chamada*
pay per click *veja custo por clique*
pegada digital 21, 50
pesquisas on-line 52
podcast 12
propaganda on-line
    banner 58
    pop-up 58
    textual 58
protocolo de internet 60
provedores 7, 37
publicidade no mecanismo de busca 62

R

rastreamento 24
rede de publicidade 58, 62-3
relações públicas virtuais 30

S

satisfação do cliente 24
segmentação
    comportamental 60
    contextual 60
    geográfica 60
SERP 54, 58, 62

servidor 6, 37
site
    avaliação 51
    conteúdo 42-5
    desenvolvimento da marca 34
    e-commerce 50
    geração de renda 35
site corporativo 34
sufixo, nome de domínio 36, 48

T

taxa
    de cliques 62
    de rejeição 62
terceirização 24, 37

U V

usuário, conteúdo gerado pelo 12, 52
varejo 22-5
venda cruzada 25, 46
vídeo 42, 44-5

W

web page 7
widgets 44

Agradecimentos

Agradecimentos do autor
Muito obrigado à DK, em especial a Dan Mills.

Quem deseja saber mais sobre o assunto pode consultar a página do autor:
www.alancharlesworth.eu

Agradecimentos da Dorling Kindersley
A Dorling Kindersley gostaria de agradecer a Margaret Parrish e a Charles Wills, que atuaram na versão americana do livro.

Imagem da capa
Getty Images: Chris Thomaidis

Créditos das fotos
A editora agradece às seguintes pessoas pela permissão do uso das imagens:

1 Gettty: Nick Koudis; 4-5 Getty: Ian McKinnell; 8 iStockphoto.com: Andrey Prokhorov; 10-1 Getty: Alfred Gescheidt; 21 Getty Images: James Forte; 23 iStockphoto.com: Luis Carlos Torres; 28 Getty: Hans; 30-1 iStockphoto.com: Martin Sach; 40 Corbis: Sean Davey; 44-5 iStockphoto.com: Kiyoshi Takahase Segundo; 48-9 Getty: Glowimages; 53 (fundo) Corbis: Josh Westrich; 53 iStockphoto.com: Michal Mrozek; 56-7 Getty: Photodisc; 59 iStockphoto.com: bubaone; 66-7 Corbis: David Woods

Todas as demais imagens © Dorling Kindersley. Mais informações, www.dkimages.com

Foram feitos todos os esforços para identificar e dar os créditos aos titulares de direitos autorais. O editor pede desculpas por qualquer omissão e se dispõe a incluir a informação correta nas futuras edições.